Love Mix Love
Is Always You.

mellow

08. Mix

GREETING

거울을 볼 때마다 드는 생각이 있다. 어쩜 이렇게도 자연스럽게 섞였을까? 둥근 코는 아빠, 둥근 눈은 엄마. 둥그런 얼굴에서 엄마와 아빠를 발견하다 보면 문득 아득한 기분이 든다. 두 사람이 만나 내가 된 그 과정이 기적처럼 느껴지기 때문이다.

기적은 현재 진행형이다. 민들레 홀씨처럼 뿌리내리지 못하고 공중을 떠다니던 불안한 젊은 날에, 갑자기 쌍둥이 강아지가 눈앞에 나타났다. 온종일 내 움직임을 따라다니던 초롱한 눈빛, 끌어안으면 목덜미에서 옅게 나는 지렁이 냄새, 규칙적으로 들려오는 평온한 숨소리, 반짝이는 털 결이 내 하루에 섞였다. 불안과 혼란보다 두 마리 강아지의 존재감이 더 커졌을 때, 나는 드디어 뿌리를 내리기 시작했다. 그렇게 우리는 얽히고설켜 한 그루의 연리목으로 자랐다.

우리는 어떻게 이 넓은 우주에서 만나 하나가 되는 기적을 이뤘을까? 나의 안정감과 평화를 만들어 낸 공을 자연(自然)에게 돌린다. 열역학 제2법칙. 시간은 무질서를 지향한다. 우리는 오롯이 혼자 존재할 수 없다. 주변에 무언가 있다면, 반드시 그 무언가와 혼합되도록 설계되어 있다. 그러니까 '섞임(Mix)'은 자연의 법칙이다. 그래선지 모든 섞임에는 울림이 있다.

편집장 **박조은**

Twinkle, Imagination To Reality

반짝, 상상이 현실이 된 순간

안녕하세요. 참기름을 바른 듯 반지르르한 털 결이 눈이 부신데요(웃음)?
안녕하세요. 참기름을 바른 듯한 털 결, 차르르한 매력의 아기 강아지 기름이를 소개할게요. '참기름 강아지'라는 표현을 듣고 재미있다고 하시는 분들이 많은데요. 사실 이 별명은 기름이가 태어나기 전부터 사용했어요. 기름이의 엄마이자 반려견인 '아로'의 별명이 참기름 강아지였거든요. 아로의 사진을 친구에게 보여줬더니 "털 결이 어쩜 이렇게 참기름처럼 차르르 고울까? 아로는 참기름 강아지인가 봐." 라고 하더라고요. 표현이 너무 재미있고 유쾌해서 기억해 두고 있었는데, 그 후 아로의 차르르한 털 결을 닮은 아기

강아지가 태어난 거죠. 이름을 무엇으로 해줄까 고민을 많이 했는데요. 참기름 강아지만큼이나 마음이 가는 게 없더라고요. 그렇게 황금빛 털을 가진 아기 강아지는 '참기름'이라는 이름을 갖게 되었어요.

상상 속 아기 강아지는 어떤 모습이었나요? 기대가 가득했을 거 같아요.
점점 불러오는 아로의 배를 쓰다듬어 주며 곧 태어날 아기 강아지를 상상하던 순간이 기억나네요. 어떤 외모를 가지고 있을지, 어떤 성격일지, 엄마를 닮았을지, 아빠를 닮았을지… 전혀 예측이 안되잖아요. 처음엔 막연하게 아로와 똑

닮은 닥스훈트 믹스견을 상상했어요. 아로처럼 털이 까맣
고, 갈색 눈썹이 매력적인 아이가 나왔으면 하고 기대했죠.
그러다가도 '혹시 털이 복슬거리려나? 아니, 주둥이가 짧을
수도 있겠는데?' 하는 즐거운 상상이 끊이질 않았어요.
하지만 그것보다는 아로의 건강 관리에 더 집중하는 시간
을 보냈어요. 처음 임신했다는 것을 알고 나서 설명할 수 없
는 복잡한 감정이 들더라고요. 고맙기도 하고 미안하기도
하고. 뱃속의 아기가 궁금하기도 하지만 건강한 출산이
1순위였어요. 그래서 더욱 열심히 강아지의 출산에 대해
공부하기 시작했죠. 우선 식사와 영양제를 각별히 신경 썼

어요. 배가 점점 불러오기 시작하며 식사량도 점점 늘어가 더라고요. 영양 성분이 높은 사료로 바꾸기도 하고, 영양 보조제도 잊지 않고 챙겨 먹였어요. 또 안정감을 느낄 수 있게 주변 환경도 단장을 했어요. 거실 한편에 푹신한 이불과 울타리로 따뜻하고 안전한 산실을 마련하기도 했고요.

여러 밤이 지난 후 기름이가 태어났어요. 아기 강아지가 빼꼼 고개를 내밀었을 땐… 정말 감격스러우셨겠어요.
기름이는 2023년 4월 26일 아로의 사랑 속에서 태어났어요. 그날은 아로와 저, 단둘이서 시간을 보내는 날이었어요.

그런데 갑자기 아로가 숨을 거칠게 몰아쉬며 불안해하는 거예요. 출산일이 일주일 정도 남은 상황이었지만 혹시나 하는 마음에 아빠께 바로 연락을 드렸죠. 아빠는 오늘 아기를 출산할 거 같다고 하시더라고요. 집으로 돌아오신 아빠와 밤새 아로를 지켜봤어요. 몇 시간 동안 땅을 파는 듯이 이리저리 움직이더니 밤 11시 정도 되어서는 이불 속으로 쑥 들어갔어요. 시간이 지나도 별 기척이 없길래 슬쩍 이불을 들쳐 보았더니… 글쎄 이미 출산을 마친 채 휴식을 취하고 있더라고요. 첫 출산이라 많이 무섭고 힘들었을 텐데도 불구하고 스스로 태반과 탯줄 심지어 양수까지 처리한 거죠.

엄마 뱃속에서 막 나온 아기 강아지를 마주한 소감이 궁금한데요. 상상 속 모습과 닮아있었나요?

갓 태어난 생명을 본 적은 이번이 처음이었어요. 정말 말 그대로 방금 태어난 강아지를 난생처음 보게 된 거예요. 기름이와 처음 마주하게 된 순간 '이게… 강아지라고? 너무 작은 거 아니야? 귀엽지만, 조금… 못생겼는데?' 하는 생각이 마구 스쳤죠(웃음). 하지만 그것도 잠시, 행복의 눈물이 질끔 나오더라고요. 갓 태어난 와중에도 털이 반지르르한 게 정말 아로의 아기가 맞구나 싶었어요. 눈도 뜨지 못한 채로 가만히 누워 잠을 자는 기름이를 몇 시간이곤 바라보기도 했어요. 일과를 마치고 집에 돌아오면 온 가족이 둘러앉아 아이들과 함께 시간을 보냈죠. 심지어 저는 앉은 자리에서 세 시간이나 기름이를 바라본 적도 있어요. 정말 눈에 넣어도 아프지 않을 것 같더라고요.

가족들의 공동육아가 시작되었군요(웃음). 꽤나 고생하셨겠는데요?

기름이가 태어나면서 저희 가족의 일상은 모두 아로와 기름이 중심으로 돌아가기 시작했어요. 늘 주변에 머무르며 아이들의 움직임을 주시했죠. 아기 기름이의 하루는 단순했어요. 매일이 밥과 잠의 반복이었죠. 밥을 먹으면 자고, 자다 일어나서 밥 먹고(웃음). 그 단순하고도 귀여운 일상 루틴에 저희 가족들도 마치 아기 강아지가 된 냥 집에서 많은 시간을 보내게 되었어요. 아로의 육아를 도우려 했는데 초보 엄마 아로가 자신의 역할을 톡톡히 해내서 가족들이 거들 일이 적었어요. 기름이의 배변을 모두 혼자 책임지고, 외부인이 다가올 새라 열심히 보호하기도 했어요. 초보 엄마인데 그런 건 어떻게 알았는지, 아로의 모습을 보며 부모의 위대함을 다시 한번 깨닫기도 했답니다.

기름이는 성장해가면서 더욱 아로와 닮아가는 것 같아요. 반지르르한 털 결, 매력적인 눈썹, 오동통한 몸매까지 모두요.

기름이가 태어났을 때, 황금빛 털을 가진 아기를 보고 조금 놀라긴 했어요. 전 아로처럼 까만 털이 매력적인 아기 강아지를 상상하곤 했거든요. 그런데 황금빛 털을 가진 이 아기 강아지가 날이 갈수록 엄마를 닮아 가더라고요. 요즘 기름이를 보면 예전 아로의 모습이 겹쳐 보이기도 해요. 먹성도 엄마를 닮았는지 아로가 먹고 있는 건 뭐든지 자기도 맛을 봐야 직성이 풀려요. 작은 이빨로 황태포를 갉아먹는 모습이 정말 귀여워요.

무럭무럭 자라나는 아이가 너무 기특해요.

기름이는 아기 강아지에서 어린이 강아지 정도로 성장한 거 같아요. 짧은 다리로 집안을 어찌나 뛰어다니는지 '타닥타닥' 하는 발걸음 소리가 끊이질 않아요. 최근엔 배변 교육을 진행 중이에요. 아로는 아기일 때부터 배변을 완벽하게 가리곤 했는데 기름이는 쉽지 않아요(웃음). 그래도 조금씩 교육의 효과가 나타나는 것 같아요. 가끔 화장실 바닥에 시원하게 응가를 누더라니 깐요? 화장실인 걸 알고 눈 건지, 우연의 일치인지는 잘 모르겠지만요.

기름이의 1년 후를 상상해 보신 적이 있나요?
아로와 똑 닮은 노란 핫도그 강아지가 될 거 같아요! 기름
이는 아로의 어릴 적 모습과 판박이거든요. 대신 아로보다
는 조금 더 근육질의 강아지가 될 거 같긴 해요. 요즘 이곳
저곳 뛰어다니느라 바빠서 운동량이 상당해요. 둘은 외모
는 비슷한 데 성격은 정반대에요. 아로는 어릴 때부터 얌전
하고 점잖은 성격이었는데 기름이는 엄마와 달리 발랄하
고 천진난만한 성격이고요. 그래도 이게 믹스견의 매력 아
닐까요? 어떤 외모일지, 어떤 성격일지 예측하는 재미가 있
잖아요.

기름이와 아로의 이야기를 들으니 이런 말이 떠오르네요.
"믹스견은 사랑입니다" 라는 말이요. 아이들의 매일매일은
사랑 그 자체니까요.

강아지의 종은 아무 의미가 없다고 생각해요. 어떻게 생겼
든지, 어떤 성격을 가지고 있든지 상관없어요. 그냥 우리와
일생을 함께해 준다는 것만으로 고맙고 소중한 존재예요.
반려견의 눈을 바라보는 것만으로 사랑이 쏟아지고 일순
간 행복에 빠지잖아요.
아로와 기름이를 통해 반려견과 함께한다는 건 많은 책임
과 의무를 감당해야 한다는 걸 배웠어요. 하지만 그만큼 가
치 있고 소중한 일이에요. 두 아이는 저에게 맹목적인 사랑
과 삶의 원동력을 전해주거든요. 덕분에 진정한 '반려'란 무
엇인지, 함께한다는 것은 무엇인지 하루하루 배워가고 있
습니다. 마지막으로 아로와 기름이를 사랑해 주시는 많은
분들과 멜로우메이트분들에게도 이 이야기를 꼭 전하고
싶어요. 사랑하는 존재가 있는 삶은 이전의 그것보다 훨씬
더 행복하답니다.

세상이 떠들썩, 소문난 6남매

The Six Siblings Surprised The World

동그랗게 뜬 보름달 아래, 어디선가 송편 찌는 냄새가 솔솔 풍겨와요. 그곳에선 강아지들이
짖는 소리와 사람들의 말소리가 시끌벅적하게 새어 나옵니다. 말티즈 아빠와 허스키 엄마,
그 사이에서 태어난 말스키 6남매까지. 세상을 깜짝 놀라게 했던 주인공들이 모여 있네요. 오
랜만에 만난 그들이 왁자지껄 이야기를 나누고 있어요. 말스키라는 특별함으로 끈끈하게 연
결된 대가족이기 때문일까요? 떨어져 있던 시간이 무색하게 웃음이 넘쳐흐릅니다.

글·사진 허재연, 박민성, 장재희, 문동수 @jaeyeon_heo_o @special.haru @d0n9__1001 에디터 유하림

"I CAN FEEL THE MIXTURE OF TWO DOGS IN GRAY FUR AND MILD FACE. THE MEANING OF THEIR SPECIALITY COMES FROM THEIR NATURALNESS."

*이해를 돕기 위해 특별출연한 친구들입니다.

대가족이 모두 모였어요! 와글와글 서로 인사하느라 바쁘시겠지만 멜로우메이트분들께 소개를 해주실래요?
모찌&예쁜이&여름&막내네 (이하 '모찌네'로 표기) : 말티즈 모찌와 허스키 예쁜이, 말스키 6남매 중 여름이와 막내를 반려하고 있는 허재연입니다. 모찌는 아이들의 아빠, 예쁜이는 엄마예요. 여름이는 다섯째고, 신중한 성격이죠. 막내는 막둥이답게 애교가 많아요.
하루네 : 첫째 하루와 함께 살고 있는 박민성, 장재희입니다. 하루는 물놀이를 좋아해요. 천둥과 번개도 무서워하지 않는 강심장이죠.
동백이네 : 6남매에서 가운데인 셋째 동백이의 보호자 문동수입니다. 동백이는 공을 엄청나게 좋아하고, 사람 말을 잘 알아듣는 아이랍니다.

모찌와 예쁜이의 사연을 먼저 들어보고 싶어요. 말스키 6남매의 탄생이 이 강아지들로부터 시작됐으니까요(웃음).
모찌네 : 모찌는 시골의 펫숍에서 데려가는 사람이 없어 안락사 위기에 놓여있던 강아지였어요. 저희는 이미 다른 강아지들과 함께 살고 있었지만 아이가 눈에 밟혀 집으로 데리고 왔습니다. 성격도 밝고 사람을 좋아해요. 예쁜이는 원래 저희와 함께 살고 있던 강아지 '리미'의 딸이에요. 전원주택에 이사를 오며 태어났죠. 보통 허스키보단 몸집이 작아서인지 겁이 많은 편이랍니다. 저희도 말티즈 모찌와 허스키 예쁜이가 자연적으로 교배할 수 있을 거라고 예상하지 못했어요. 생물학적으로 가능은 하지만, 체구가 다르면 성공하는 경우는 거의 없거든요. 일이 벌어지는 것 자체가 어려워서(웃음). 게다가 모찌는 원래 저희와 함께 사는 강아지 '뚱이'를 좋아했어요. 뚱이는 모찌와 비슷한 시기에 데려온 아이에요. 고속도로에서 버려진 상태로 발견했고, 아픈 곳만 치료해주려다 가족이 됐죠. 모찌가 뚱이에게 오랜 시간 구애했지만 받아주지 않았어요. 모찌의 마음이 변한 건 그래서일까요? 갑작스럽게 예쁜이와 모찌 사이에서 일이 벌어졌어요(웃음). 발견했을 때는 이미 사랑을 나누는 중이라 분리하기가 어려웠고, 그렇게 예쁜이가 말스키 6남매를 낳게 되었습니다.

하루 @special.haru

모두의 예상을 뒤엎고 태어났군요! 두 강아지가 준 뜻밖의 선물 같아요.

모찌네 : 아기 강아지들은 태어난 지 얼마 안 됐을 때부터 집 안을 폴짝폴짝 뛰어다녔어요. 하나같이 사람을 좋아했고요. 두 강아지의 모습이 섞여 있어 그런지 어딜 가도 인기가 많았어요. 말티즈를 닮아서 애교가 많고 사랑스러웠죠. 하지만 허스키처럼 활동량도 엄청나서 널어놓은 빨래를 물어 뜯기도 하고, 시도 때도 없이 잔디밭에서 나뒹굴곤 했어요. 무엇보다 예쁘고 고운 회색빛 털과 순박한 얼굴에서 허스키와 말티즈가 섞여 있다는 게 느껴졌어요. 아이들마다 특징도 달랐는데 특히 첫째와 막내가 기억에 많이 남아요. 아빠 모찌를 빼닮아 귀여운 외모인데도 가끔은 사냥꾼의 모습으로 재빠르게 뛰어다니곤 했죠. 여러 마리의 강아지들을 함께 돌보다 보니 힘든 순간도 있었지만,

가족들 모두 행복한 기억이 더 많아요.

특별하게 태어난 아이들인 만큼 새로운 가족을 만나기까지 큰 노력을 하셨다고 들었어요.

모찌네 : TV 프로그램에 출연한 뒤로 정말 많은 분이 관심을 가져 주셨어요. 입양하고 싶어 하시는 분들도 많았고요. 그 중엔 아이들의 외모가 특별하다 보니 관심을 가진 사람들도 있었어요. 하지만 그런 호기심만으로 가족을 만났다 버림받는 일이 생기지 않길 바랐어요. 그래서 최대한 까다롭고 신중하게 새로운 가족을 찾았죠. 믹스견의 특성상 어느 정도의 몸집을 가지게 될 지 가늠할 수 없잖아요. 활동량도 얼마큼일지 모르고요. 그렇기 때문에 혹시 아이들이 되돌아올 수도 있다고 생각했어요. 그런 상황이 온다면 저희가 끝까지 책임지려고 했죠. 다행히 그런 일은 생

20

하루 @special.haru

하루 @special.haru

기지 않았어요. 아이들 모두 새로 만난 가족과 함께 행복하게 지내고 있어요.

이제 모두 다른 곳에서 지내고 있죠. 그중 제일 멀리서 사는 건 하루라면서요. 첫째이기도 하니, 대표로 이야기를 들어볼까요?
하루네 : 하루는 '장남이'로 불리다가 이젠 미국에서 두 집사의 사랑을 듬뿍 받으며 살고 있어요. 지금은 모량이 빽빽하게 많아졌지만 어렸을 때는 털이 하늘하늘해서 영화 〈반지의 제왕〉에 나오는 간달프의 수염 같았어요(웃음). 모색은 허스키고, 계속 자라는 털은 말티즈라 두 가지 타입을 지닌 강아지예요.

하루가 어떻게 성장했을지 궁금했는데, 엄마와 아빠를 골고루 닮은 강아지로 자랐네요.
하루네 : 생김새는 말티즈를 많이 닮았고, 털의 색은 영락없는 허스키예요. 처음에는 얼굴만 보고 순둥순둥한 성격

일 줄 알았는데, 엄청 시크하더라고요. 크기는 허스키보다 작지만 대형견 친구들이랑만 놀아요. 그중에서도 대장 역할을 한답니다. 말티즈를 닮아서 다리가 짧기 때문에 대형견 친구들하고 놀 때는 스피드가 조금 떨어져요. 그렇지만 방향 전환을 잘해요. 친구가 뛰어가는 방향을 보며 최단거리로 달려가 따라잡더라고요.

말티즈와 허스키의 매력을 섞어놓은 존재가 바로 말스키 6남매인 것 같아요. 하루에게 두 강아지의 모습을 발견할 때가 있으신가요?

하루네 : 예민하지 않고 독립적인 걸 보면 허스키를 닮기도 하고, 입맛이 까다로운 걸 보면 말티즈를 닮은 것 같기도 해요. 이렇게 두 강아지의 모습이 자주 보이지만, 하루는 자기가 허스키라고 생각하는 것 같아요. 강아지들이 많은 곳에 가면 허스키나 말라뮤트를 엄청 좋아하더라고요. 그 친구들도 하루를 보면 관심을 보이고요. 자기들끼리 통하는 게 있나 봐요.

하루는 엄마인 허스키를 더 닮았나 보군요!

하루네 : 그런 것 같아요. 하루의 성향은 허스키에 가까워요. 날씨가 추워지면 에너지가 솟아서 주중 산책만 거의 4-5시간을 해요. 집 온도도 하루한테 적절하게 맞춰 놔서 저는 일 년 내내 겨울 이불을 덮고 지낸답니다(웃음). 하루는 더운 걸 엄청 싫어해서 그런지 수영과 목욕을 좋아해요. 물소리만 들리면 그쪽으로 방향을 틀어요. 그래서 '물스키'라는 별명도 지어줬어요.

동생들은 누굴 더 닮았는지 궁금해지는데요. 동백이, 여름이, 막내는 어떤가요?

동백이네 : 동백이는 말티즈와 허스키를 골고루 잘 섞어놓은 아이지만, 허스키를 더 닮았어요. 머즐이 긴 편이고 털색이 어두운 편이라 허스키와 비슷하죠. 산책이나 공놀이를 길게 해도 지치지 않는 에너자이저인 걸 보면 아무래도 엄마를 닮은 게 분명해요.

모찌네 : 여름이도 동백이처럼 허스키를 더 닮았어요. 털

하루 @special.haru

도 빳빳하고, 생김새도 허스키를 닮았죠. 집에서 함께 사는 다른 강아지들과 싸우는 일도 거의 없는 의젓한 아이예요. 동생인 막내가 다른 아이와 다투면 중재하는 경우가 많답니다. 막내는 아빠 모찌를 닮은 것 같아요. 털도 다른 아이들에 비해 부드럽고요. 막내라서 그런 건지, 과일을 먹으면 옆에 앉아서 자기도 달라고 조르는 귀여운 면이 있어요.

이야기를 듣다 보니 저도 아이들의 매력에 푹 빠져버렸어요.

하루네 : 하루와 산책하러 가면 사진을 부탁받는 일이 정말 많아요. 하루에 대해 질문하는 사람들도 정말 많고요. 사람이 모여있는 곳에 가면 아이의 탄생 설화(?)를 반복해서 이야기해야 하죠. 티셔츠를 만들어서 입고 다녀야겠다고 생각할 정도로요(웃음). 하루 같은 강아지를 어디서 입양했냐는 질문엔 이렇게 대답해요. "세상에 딱 여섯 마리밖에 없는 강아지야!"라고요.

동백이네 : 말스키는 존재만으로 너무 특별해요. 멀리서 보면 크기가 작은 편이 아니기도 하고, 털 색상도 멋있잖

아요. 하지만 가까이서 보면 눈코입은 너무 귀엽고 순하게 생겨서 반전 매력을 가지고 있죠.

모찌네 : 말스키가 가진 털 색은 정말 아름다워요. 회색빛이 흐르는 털을 보면 누구라도 사랑에 빠질 거예요. 말티즈 특유의 친근함과 허스키의 도도함을 갖추고 있는 강아지들이라 인기도 정말 많고요.

모찌와 예쁜이도 말스키 6남매의 이야기를 들으며 하고 싶은 말이 생겼을 것 같아요. 아이들에게 어떤 말을 해주고 싶으신가요?

모찌네 : 아이들은 정말 사랑스럽고 특별하게 자라주었어요. 자연적으로 태어났기에 더욱 의미가 있고요. 말스키 6남매가 희소성이 있다 보니 국내, 해외할 것 없이 많은 관심을 받았어요. 특별함의 의미는 자연스러움에서 오는 것 같아요.

말스키 아이들아, 앞으로도 지금처럼 건강하게 지내주렴. 떨어져 있어도 너희들은 우리의 소중한 가족이야. 다음에도 모두 모여 즐거운 시간을 갖자.

동백 @d0n9._.100

똥백 @d0n9__100

변한다는 건 자란다는 거야

Changing Means Growing

연탄처럼 까만 털을 가지고 태어난 강아지에게 특별한 일이 생겼습니다. 가슴과 다리에 하얀 털들이 자라기 시작했거든요. 밝은 털들은 점점 풍성해져 온몸을 감쌉니다. 조화롭게 섞인 색들이 오묘한 매력을 뿜어내죠. 털의 색이 바뀌니 맑은 눈동자가 더욱 반짝이네요. 색이 달라지는 동안, 삶도 아름답게 변해가고 있었나 봐요. 앞으로 봉순이는 어떤 색을 지니게 될까요?

글·사진 조나미 @im_bongsoon_ | 에디터 유하림

"MIX DOGS ARE VERY SPECIAL AND NATURAL. IT'S NOT A DOLL, BUT A LIFE, SO IT'S ALL DIFFERENT AND HAS CHARM AND LOVELINESS, RIGHT?"

안녕하세요! 활짝 웃는 모습이 매력적인 강아지, 봉순이를 만나게 되어 정말 기뻐요.

안녕하세요. 봉순이와 함께 사는 조나미입니다. 봉순이는 올해로 한 살이 됐고 얼굴에서 티가 나듯, 순둥이 강아지예요. 처음 아이를 봤을 때 순박한 얼굴에 어떤 이름이 어울릴까 고민하다가 예스러운 느낌의 봉순으로 짓게 되었지요. 달리기를 좋아하고, 다리는 좀 짧지만 웬만한 친구들보단 빠른 스피드를 갖고 있어요. 처음 만났을 당시 3-4개월 추정이었는데도 봉순이는 왕발에 몸은 웬만한 소형견과 비슷했어요. 아이를 보는 순간 남편도 저도 푹 빠져버렸죠. 지금은 중형견 정도로 성장했답니다.

봉순이는 자라면서 특별한 변화를 겪었다고 들었어요.

어렸을 때는 털이 까만 편이었어요. 지금은 많이 밝아졌죠. 사진을 찍으면 털이 어두울 때보다 예쁜 눈이 잘 보이더라고요. 저희 봉순이가 눈이 동그랗고 예쁘단 말을 많이 듣고 있거든요. '짜장 입'과 까만 귀가 돋보이는 것도 정말 귀여워요. 그런데 요즘 털의 색이 또 바뀌고 있어요. 정수리에서는 다시 검은 털이 몇 가닥씩 올라오고, 주둥이 색은 옅어지고 있답니다. 여전히 털의 색이 변하고 있는 신비하고 특별한 믹스견이에요. 어떻게 변할지 모른다는 점이 매력 포인트기도 하죠(웃음).

처음 아이를 만났을 때는 이렇게 변화무쌍할 줄 예상하지 못하셨다면서요.

그렇죠. 아직도 봉순이의 사진을 처음 본 그날이 또렷하게 기억나요. 대전의 어느 산에서 네 마리의 강아지들이 발견되었는데, 한 아이만 입양을 가지 못했다고 하더라고요. 새로 입소하는 친구들의 게시물에 묻히고 있으니 관심을 가져 달라는 글이었죠. 사진을 보는 순간, 꼬질하고 삐죽삐죽 어두운 털에 어리둥절해 있던 표정을 보고 한눈에 반해버렸어요. 봉순이를 데려오려고 보호소에 갔던 날, 직원분께서 아기 강아지를 안고 오시는데 끊임없이 꼬리를 흔들며 그분의 얼굴을 계속 핥던 모습이 아직도 선해요.

처음 데려왔을 땐 까만 털 밑에 살짝 갈색 털이 보이길래 조금은 밝아지겠다고 생각은 했었어요. 봉순이의 털 색은 균일하게 달라졌다기보단 가슴 털은 흰색, 몸은 갈색, 다리는 베이지색 이렇게 오묘한 느낌으로 변했답니다. 까만 털이 없어진 것은 조금 아쉽지만 지금의 모습도 사랑스러워서 다양한 털을 가진 강아지를 볼 수 있는 게 좋아요. 털이 까만색이어서 '연탄이' '짜장이' '춘장이'로 이름을 지으려고 했었는데 봉순이라고 지은 것도 정말 다행이죠.

아기 강아지는 집에 잘 적응했나요?

봉순이를 만나기 전부터 고양이 '랭이'와 함께 살고 있었어요. 조금 걱정했지만, 랭이가 개냥이여서 생각보다 잘 받아주었죠. 물론 강아지와 고양이의 언어가 다르니 봉순이가 어렸을 때 멋모르고 놀자고 덤비다가 많이 맞기도 했었어요(웃음). 지금은 무척 잘 지내고 있답니다. 둘은 잡기 놀이도 하고, 씨름도 하고 엄청 신나게 놀아요. 봉순이와

28/29

랭이를 보고 있으면 정말 좋은 친구 사이인 것 같다는 생각이 들어요. 고양이와 친해지는 것 말고도 처음엔 산책을 어려워했어요. 그래서 아파트 단지만 가볍게 산책을 했죠. 짧은 계단을 내려오는 데만 10분이 걸릴 정도로 겁이 많고 조심스러운 성격이었어요. 그렇지만 끝까지 기다려주니 혼자 힘으로 내려오고 점점 상황에 적응해가더라고요.

이렇게 함께 한 지 1년이 다 되어가요. 그 시간 동안 봉순이를 통해 믹스견의 매력을 느끼셨을 것 같아요.
산책을 하다 보면 강아지의 털 색이 어쩜 저렇게 특이하고 예쁘냐고 말을 건네는 분들이 있어요. 저희도 봉순이의 털이 예쁘다고 느끼지만, 털이 어떤 색이든 크게 신경을 안 썼던 것 같아요. 귀엽고 소중한 가족이라는 의미가 더 컸죠. 아이를 보며 느끼는 건 믹스견은 특별하고 자연스러운 강아지라는 거예요. 우리가 엄마 뱃속에서 생머리에 달걀형 얼굴 이런 식으로 정해서 태어나지 않잖아요. 그렇기에 각자의 개성이 있고, 존재 자체로 존중받는 거라고 생각해요. 강아지들도 마찬가지로 공장에서 똑같이 찍어내는 인형이 아닌 생명이기 때문에 모두 다른 매력과 사랑스러움이 있는 거 아닐까요? 봉순이도 믹스견이라 예상치 못한 털 색의 변화와 체형의 변화가 있었어요. 그게 바로 이 아이의 특별한 점이고, 봉순이가 가진 아름다움이죠.

맞아요. 봉순이만의 색이 정말 아름다워요. 나미 님의 삶도 그만큼 아름답게 물들어 갈 것 같고요.
저는 원래 밖에서 친구들 만나는 걸 좋아했어요. 그런데 이제는 사람들을 집으로 초대하거나 반려견 동반이 가능한 식당에서 만나요. 봉순이와 계속 같이 있고 싶고, 아이가 신나게 뛰는 것을 보고 싶더라고요. 그리고 달라진 점이 또 있어요. 전에는 일하고 오면 집에 누워 핸드폰만 봤는데 지금은 같이 산책을 하니 덕분에 운동도 하게 된 거죠. 귀여운 강아지 친구들도 많이 사귀게 됐답니다. 제 삶은 이미 달라졌어요. 봉순이라는 존재와 같이 있는 것만으로도 행복하죠. 특별한 일이 생기지 않아도 건강하기만 하다면 항상 이렇게 행복할 것 같아요.

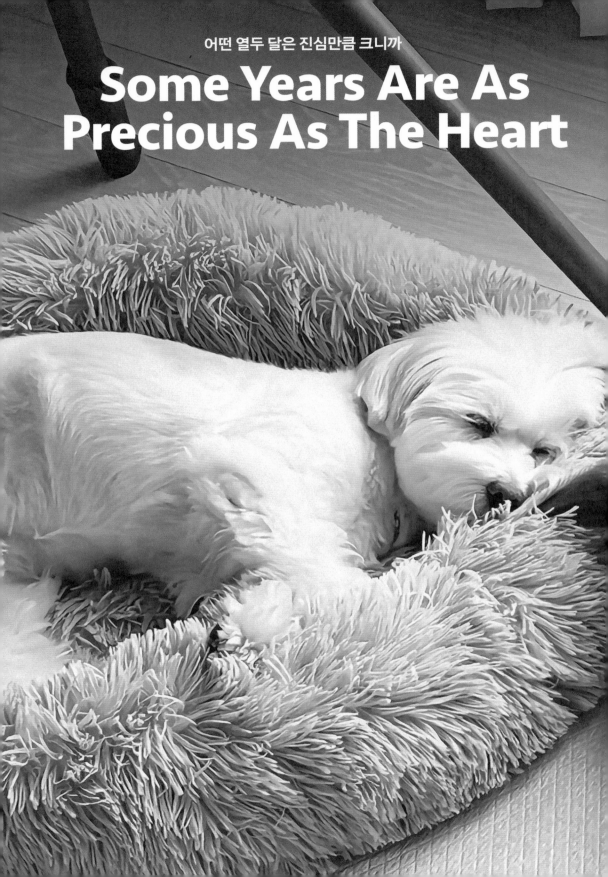

어떤 열두 달은 진심만큼 크니까

Some Years Are As Precious As The Heart

여러분의 지난 일 년은 어땠나요? 이 강아지의 한 해는 조금 특별했대요. 유일무이한 존재로 태어나 새로운 가족을 만났죠. 그리고 그들의 보살핌을 받으며 쑥쑥 성장했어요. 이로써 일 년, 강아지가 그려낸 한 해는 이렇게 이야기할 수 있겠네요. 폭풍 같은 365일을 보냈다고, 그리고 그 폭풍의 눈 속에서 무엇보다 커다란 사랑을 발견했다고.

글·사진 윤선미 @__yoonpepper__ | 에디터 최진영

안녕하세요. 듬직해서 더욱 귀여운 막냇동생 후추를 소개해 주세요!

안녕하세요. 세 마리의 강아지 동생들과 함께 지내고 있는 맏이 윤선미입니다. 첫째는 '설탕' 둘째는 '소금' 그리고 이번 인터뷰의 주인공인 막내는 '후추'예요. 건강하고 발랄한 한 살 남자아이죠. 나이가 훨씬 많은 두 누나들보다 몸집이 커서 '자이언트 베이비'라 할 수도 있겠네요(웃음). 후추라는 이름답게 갈색과 흰색 털이 섞인 멋진 진도 믹스 강아지예요. 다리에는 사슴 같은 점박이 무늬도 있는데, 얼마나 멋있는지 몰라요. 마치 아이라이너를 그린 듯한 눈매와 토실한 엉덩이를 보면 가끔 웰시코기가 떠오르기도 하고요. 누가 장난꾸러기 아니랄까 봐 친구들과 노는 걸 가장 좋아해요. 터그 놀이는 물론이고요. 마당에서도, 거실에서도, 소파에서도! 틈만 나면 신나게 뛰어다니며 에너지를 발산해요(웃음). 또 어찌나 애교쟁이 막내인지 집에 돌아오면 매번 달려나와 뽀뽀를 해준답니다.

하하, 자이언트 베이비 그 자체네요.

지금은 듬직한 매력을 자랑하지만 처음 만난 후추는 인형 같았어요. 저희 가족은 임시보호를 하다 평생 가족이 된 케이스인데요. 이 작은 아이가 처음 집에 도착했을 때 어찌나 예쁘던지. 하루 종일 후추만 바라보고 있었던 적도 많답니다. 집으로 온 아이를 잘 보살피고 싶어 기본 교육을 진행하기도 했어요. 그런데 정말 영특하더라고요! 덕분에 배변도, 산책도 모두 수월하게 적응해 나갔어요. 교육은 물론이고, 교감과 소통까지 매일 쌓아갔답니다.

그런 아이를 차마 멀리 해외로 보낼 수 없겠다는 생각이 들었죠. 후추는 캐나다로 입양될 예정이었거든요. 아무래도 진도 믹스 아이들은 해외로 입양 가는 경우가 많잖아요. 한국에서는 믹스견을 선호하지 않기도 하고요. 많은 고민과 걱정이 있었지만, 결국에는 작은 아기 강아지를 평생 가족으로 맞이했습니다. 가족이 된 후에도 아이는 쑥쑥 성장했답니다. 매일 키가 커지는 게 눈에 보일 정도였어요(웃음).

아기 후추의 육아를 두 강아지들이 돕기도 했다고요.
두 강아지 누나의 보살핌 덕택에 지금처럼 발랄한 강아지
가 될 수 있었어요. 첫째 설탕이는 조금 낯을 가려서 아이를
어색해하면 어떡하나 걱정이 많았어요. 설탕이는 조금 낯
설어하는 듯하더니 쫑쫑거리며 자신을 따라다니는 후추에
게 백기를 들었어요. 언제 그랬냐는 듯이 자신보다 한참 작
은 아기 강아지와 노느라 바빴죠. 소금이도 동생과 어렵지
않게 친해졌어요. 두 아이들도 귀여운 막냇동생이 마음에
들었나 봐요.
그렇게 후추는 누나들의 보호 아래 성장했어요. 그런데 마
냥 어리기만 했던 막내가 누나들의 보디가드를 자처하더
라고요! 산책 중에 다른 강아지들이 조금이라도 공격적인
태세를 취하면 설탕이와 소금이를 보호해 줘요. 자기보다
몸집이 작은 누나들을 지켜줘야겠다고 본능적으로 느꼈던
걸까요? 믿음직스러운 모습을 보니 다 컸구나 싶은 생각도
들어요.

성장 과정이 눈에 그려지네요. 아이가 자라나는 것을 보면 매일이 기쁨으로 가득했을 것 같아요.

맞아요. 그리고 그 강아지를 반려하는 것만큼 힘든 것도 없죠. 아기 후추는 성장하며 에너지가 더욱 넘치기 시작했거든요. 매일 산책을 하는 것은 물론이고, 그래도 부족한 날에는 자전거를 타면서 산책을 해요. 체력이 넘치는 '멍린이'는 몰라도 저는 지치니까요(웃음). 점점 몸집이 커지며 간식의 양도 많아지고 있어요. 이전에는 식료품 선반의 한구석을 후추에게 내어줬는데요. 이제는 아이의 간식이 선반 전체를 차지하고 있습니다.

가족들의 사랑과 맛난 간식을 먹고 자라난 아이네요.

가끔 후추가 배 위에 올라가서 뽀뽀를 해주는데요. 묵직한 무게감이 느껴질 때 정말 '폭풍 성장'이란 걸 실감해요. 품에 쏙 안기던 아기였는데, 이제는 한 팔로 아이를 안아주기도 역부족이에요. 아이를 안아주려면 힘을 잔뜩 주어야 하죠. 터그 놀이할 때도 힘을 따라올 자가 없어요. 우리 집 터그 놀이 최강자랄까요?

외면뿐만 아니라 내면도 성숙해졌답니다. 최근엔 굉장히 색다른 모습을 보이기도 하거든요. 마냥 까불고 활기찬 아기 였는데, 이제는 눈빛만 보고도 상황을 파악해요. 제가 슬퍼하면 같이 슬퍼해 주고, 웃으면 같이 행복해해요. 같은 감정을 느낄 때 너무 뭉클하고 고마워요.

함께하는 시간이 길어질수록, 소중한 순간도 하나 둘 쌓여 가네요.

일상적인 순간들이 가장 행복해요. 아이를 껴안고 잠에 들 때, 아침에 일어났는데 아이가 눈앞에 있을 때 제일 행복합니다. 후추는 매일 제가 잠에서 깰 때까지 기다려주거든요. 분명 전 날 밤에는 거실에서 잠을 자고 있었는데 눈을 뜨면 항상 옆에 와 있어요. 곁에 있는 아이의 가슴팍에 얼굴을 딱 붙이고 숨을 들이쉬면 정말 포근한데요. 그 순간 진한 '행복'이라는 감정을 느껴요. 저에겐 가장 소중한 순간이에요. 가끔 털이 코로 들어가긴 하지만요(웃음). 한 품에 폭 안기던 작은 강아지가 어느새 자라 너른 품으로 저를 안아주게 되었네요.

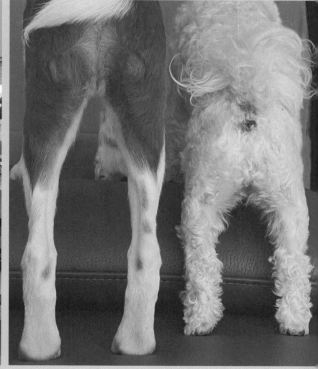

후추를 통해 느낀 따스한 마음과 진심을 다른 믹스견 아이들에게도 전하고 계신다고 들었어요.

믹스견은 세상에서 가장 예쁜 강아지라고 생각해요. 정말 말 그대로 세상에서 단 하나뿐인 아이들이잖아요. 누구에게도 찾아볼 수 없는 매력이 가득하고요. 후추를 입양하면서 '믹스견'이기 때문에 걱정한 적은 단 한 번도 없었어요. 그런데 아이와 함께 하다 보니 이런 질문을 하는 사람들이 많더라고요. "믹스견들은 성격이 너무 유별나지 않아요?" 하는 질문들이죠. 저는 이 세상 모든 강아지들이 각자의 성격을 가지고 있다고 생각해요. 같은 종인 강아지더라도, 그 안에서 모두 다른 성향을 가지고 있잖아요. 강아지들도 똑같은 거예요. 믹스견이라서 교육이 힘들고 성격이 유별난 게 아니라 자라온 환경이 다르기 때문에, 태생적인 성향이 다르기 때문에 모두 다른 거예요. 사람이랑 똑같이 생각해 주시면 좋을 거 같아요. 겉모습을 보기보다는 그 안의 깊은 마음을 보는 거죠. 덩치가 크든 작든, 성격이 소심하든 발랄하든 우리는 모두 그 안에 사랑을 품고 있잖아요.

노력이 필요한 세상이지만, 따스한 마음을 나누는 분들이 하나 둘 생기고 있어요. 그건 모두 선미 님과 같은 분들 덕택이 아닐까 생각이 들어요.

저는 보호소 봉사 활동을 자주 하는데요. 그곳에서 가장 많이 볼 수 있는 강아지 중 하나가 진도 믹스예요. 후추도 보호소에서 입양한 진도 믹스 중 하나고요. 후추와 함께하기 시작하면서 덩치가 큰 후추와 닮은 아이들에게 더 마음이 가더라고요. 반려 인구가 늘어나면서 믹스견 입양에도 관심이 많아져서 기쁘긴 하지만요. 반대로 많은 아이들이 사소한 이유 때문에 파양을 당하기도 해요. 얘는 너무 덩치가 클 거다, 믹스견이니 반려하기 힘들 거다, 가지각색의 핑계를 대며 아이들을 파양하죠. 아직도 입양을 보내고, 살려야 하는 강아지들이 많은데 상황은 나아지질 않아요.

하지만 포기하지 않는다면 언젠가는 모든 강아지들이 후추처럼 평생 가족을 맞이할 수 있을 것이라 생각이 들어요. 따스한 마음을 나누는 분들이 많아지고 있기도 하고요. 그런 분들을 보면 고마운 마음뿐이에요. 강아지들을 향한 마음은 모두 저와 같은, 사랑 가득한 마음일 테니까요.

단단한 마음이 자라는 마을

A Town Full Of Strong Hearts

닭이 우는 소리에 잠에서 깼다. 곁에는 단잠에 빠진 누렁이 하나와 흰둥이 둘. 눈곱을 떼고 개들을 깨워 물안개가 자욱한 산책길을 걷는다. 가을 냄새, 흔들리는 꼬리 세 개, 지저귀는 새소리에 행복해지는, 그런 시골 마을의 아침이 지나가는 중이다.

글·사진 김소정 @rong_ddori | 에디터 최진영

안녕하세요. 깨끗한 하늘, 상쾌한 공기! 기분마저 새로워지는 곳에 살고 계시네요.

안녕하세요! 누렁이 '똘이' 흰둥이 '순무'와 '새롬', 세 시고르자 브종 강아지들과 강원도 시골 살이를 하고 있는 김소정입니다. 지금은 강원도에서 살고 있지만 아이들은 전국 각지에서 태어났어요. 첫째 똘이는 의정부의 한 식당에서 입양한 아이에요. 식당 뒤 뜬장에서 태어난 친구인데, 형제인 흰둥이들은 모두 입양이 된 후 누렁이와 검둥이 친구들만 남아있었어요. 똘이를 입양한 날은 앞이 잘 보이지 않을 정도로 비가 내리던 날이었는데, 식당 주인 아주머니가 강아지를 데려가겠냐며 덥석 잡아서 꺼낸 아이가 바로 똘이였어요. 그게 첫 만남이었죠. 정신없던 상황 속에서도 아이에게 풍기던 구린내를 잊을 수 없네요.

현실적이지만 운명적인, 그런 만남이었네요.

순무와 새롬이도 비슷한 경로로 입양을 하게 되었어요. 아이들의 입양처를 찾는다는 소식을 듣고 가족이 되고 싶은 마음에 제가 먼저 손을 내밀었거든요. 조금 더 좋은 환경을 만들어주고 싶다는 생각이 들었어요. 예쁜 아이들이라 어딜 가나 사랑을 듬뿍 받겠지만 안전이 보장된 보금자리를 주고 싶었던 거죠. 밥을 먹을 때 긴장할 필요도 없고, 밤새 주변을 지켜야하지도 않고 여름엔 시원하고 겨울엔 따스한 그런 보금자리 말이에요. 하루에도 수없이 많은 강아지들이 가족을 찾고 있는 상황에서 똘이, 순무, 새롬이와 가족이 된 건 인연이라고 생각해요. 아이들의 모습을 보자마자 가슴이 뛰었거든요. 가족이 될 수밖에 없었던 운명인 거죠(웃음).

이 시골 동네에 살게 된 운명이었던 것처럼 아기자기한 동네 풍경과 정말 잘 어울리는 강아지들이에요.

사실 이곳으로 오게 된 가장 큰 계기는 일 때문이었어요. 저는 장애와 관련된 업계에 몸담고 있는데요. 다니던 회사가 이곳으로 이전하게 되었거든요. 연고도 없는 동네에, 심지어 산골짜기 동네에 이사를 가겠다고 결심하는 게 쉽진 않았어요. 하지만 오랜 도시 생활로 인한 번아웃과 '언제 시골에서 살아보겠어?' 하는 엉뚱한 생각이 잘 맞아떨어진 거예요. 큰 고민하지 않고 귀촌하기로 마음먹었습니다. 대신 조건이 하나 있었어요. 무조건 강아지를 반려하겠다는 것! 그렇게 강아지들과 함께하는 시골 생활이 시작되었어요.

소정 님과 아이들이 자리 잡은 동네를 소개해 주실래요?

동네를 소개하려면 저희 보금자리를 빼놓을 수 없어요. 동네에서 가장 북적이는 집이거든요(웃음). 앞에서 제가 장애와 관련된 일을 하고 있다고 말씀드렸는데요. 동네엔 지적 장애 청년들과 어르신들이 많이 계세요. 저는 이웃분들에게 작은 도움을 드리고, 이웃분들은 세 강아지에게 넘치는 애정을 전하고 있죠. 이곳에선 없어선 안 될 가장 중요한 일이랍니다.

아, 그리고 집에서 멀지 않은 곳에 호숫가 산책로가 있어요. 창밖만 바라봐도 녹음이 펼쳐지는 곳이라서 너무 행복한데요. 집 주변에 아름다운 산책로까지 있으니 더할 나위 없어요. 이른 아침 강아지들과 물안개 가득한 산책길을 걷는다는 것, 이 행복은 경험해 본 사람만 알 거예요.

봄엔 누구보다 먼저 꽃향기를 맡을 수 있고, 가을엔 낙엽이 온 동네를 물들이는 곳. 상상만 해도 행복해지네요.

시골의 매력은 건강한 자극을 받는다는 점인 것 같아요. 사람에게도, 개에게도요. 물놀이를 할지, 산에 갈지, 밭에 갈지 고민하게 되는 건강한 일상이 이어지죠. 자연 속에 있으니 예상치 못한 즐거운 일들도 생겨나요. 햇살이 뜨거우면 산책 경로를 바꿔 숲으로 들어가고, 갑자기 소나기가 오면 나무 아래 앉아 비를 피하기도 하고요. 그러다 비가 그치면 따사로운 햇볕으로 젖은 몸을 말려요.

어느 날은 똘이와 뒷동산을 산책하던 중이었어요. 정상을 목전에 두었을 시점이었죠. 그런데 똘이가 갑자기 저를 끌고 빠르게 뛰어가는 거예요. 숨을 고르며 먼저 정상에 도착해 아이를 올려다보는데, 똘이가 위풍당당하게 지는 해를 바라보며 서 있더라고요. 자기를 닮은 황금빛 노을을 온몸에 두른 강아지가 어찌나 멋있던지요. 그때부터 똘이를 '황금 누렁이'라 불렀어요. 시골에서 살다 보니 이런 소소한 행복이 자주 찾아와요. 세 강아지들이 아니었다면 황금빛 노을도, 새벽 물안개도 모두 모르고 지나쳤겠죠. 시골의 하루는 강아지들의 선물이라 생각합니다.

아이들은 누구보다 멋진 일상을 보내고 있네요. 만족도 200%의 견생이란 이런 것일까요?

사람도, 강아지도 모두 한 번 사는 인생 편안하고 행복하게 살았으면 하는 게 제 철학이거든요. 그래서 아이들과 여행을 가기도 하고, 더 맛있는 걸 챙겨주려 하기도 해요. 강아지 학교도 그 철학에서 비롯되어 입학하게 됐죠. 첫 타자는 똘이었어요. 똘이가 좀 예민한 편이었거든요. 길을 가다가도 현수막이 펄럭이는 소리에 벌벌 떨고, 밥을 먹을 때도 경계가 심해서 제대로 된 식사를 하지도 못했죠. 많은 것을 기대했다기보다는 그저 편안한 일상을 보냈으면 하는 마음에 강아

지 학교에 등록했어요. 그런데 이 녀석, 생각보다 너무 잘하는 거예요! 경계심도 점점 낮아지고 숨겨두었던 애교를 선보이기도 하고요. 덕분에 둘째 순무도 자연스레 유학길에 오르게 되었답니다.

모든 경험이 아이들에게는 도전일 수도 있다는 생각을 하거든요. 동네 호숫가의 잔잔한 물결이 거친 파도처럼 느껴질 수도 있고요, 옆 동네로 떠나는 짧은 여행이 알 수 없는 탐험처럼 느껴질 수도 있죠. 세 강아지들에겐 이전에 볼 수 없던 새로운 환경일 테니까요. 그 순간마다 아이들의 버팀목이 되어주려고 해요. "누나가 여기 있으니까 괜찮아. 조금씩 몸을 담가 봐" 라고 곁에서 속삭여 주는 거예요. 아이들에게 믿을 수 있는 존재가 되고 싶어요. 아이들은 저와 함께

하는 순간을 즐기기만 하면 되는 거고요.

소중한 마음을 동네 강아지들에게도 전하고 계신다고요?
시골 살이를 하면서 가장 힘든 점은 짧은 줄에 묶인 강아지들과 혼자 떠돌아다니는 강아지들을 마주해야 한다는 거예요. 저희 동네에도 그런 친구들이 많아요. 이곳에 살면서 사랑하는 방식이 잘못되었다고 생각이 드는 경우를 자주 만나기도 하고요. 이웃집에 혼자 사시는 어르신이 계신데, 반려하는 강아지들을 엄청 예뻐해 주세요. 그런데 반려견들과 함께 산책하는 모습을 본 적은 없어요. 어르신은 그저 밥과 물을 챙겨주고, 따스하게 이름을 불러주는 것. 그게 사랑의 표현인 줄 아시는 거예요. 그래서 시간을 두고 이웃집

을 지켜보다 슬쩍 본심을 드러냈어요. 할머니네 개들이랑 같이 산책하고 싶다고요. 그런데 예상외로 너무 좋아하시더라고요. 산책을 하고 싶어도 몸이 아파서 못했다고. 아이들한테 너무 미안했다고 말씀하셨어요.

많은 생각이 들었어요. 잠깐이나마 어르신을 미워했던 마음, 오해였다는 사실을 알게 된 후 미안한 마음, 개들이 안타까운 마음…. 그 모든 마음들이 합쳐져 '동네 개들을 산책시켜 주면 어떨까' 하는 생각이 스쳤어요. 그 이후로 묶여 있는 아이들에게 조심스럽게 다가가 마음을 쌓고, 같이 산책까지 즐기는 친구가 되어주고 있습니다. 그런데 동네 친구들과 시간을 보내다 보니 신기한 점이 있더라고요. 우리 시골 동네 시고르자브종 친구들은 모두 하나같이 착하다

는 점, 그리고 사람의 손길을 너무 좋아한다는 점이에요. 어쩜 이렇게 사랑스럽고 바보처럼 착한 생명이 또 있을까요. 정말 개라는 동물은 세상에서 가장 소중한 존재예요.

말 그대로 시고르자브종과 함께하는 시골 생활이네요.

그렇지만 늘 웃음만 있는 건 아니에요. 아직까지도 편견의 시선을 가진 분들이 있거든요. 불편한 말들을 생각보다 많이 듣는데, 특히 누렁이인 똘이를 향해 거친 언어를 내뱉는 분들이 많아요. 처음엔 어떻게 저리 무례할 수 있을까 싶어 화가 나기도 했어요. 이제는 조금 더 이성적으로 대응하는 방법을 찾아냈어요. 아닌 건 아니라고 정정하고, 대화로 오해를 풀 수 있도록 노력해요. 무지에서 비롯된 차별의 말들

을 하나하나 집어 내어 정정하면 몰라서 그랬다, 알려줘서 고
맙다 말씀하시는 경우도 있고요.
소중함을 마음으로 배우고 조금씩 변화해 가면 된다고 생각
해요. 사람들은 본래 더 나은 방향으로 발전하고 싶어 하잖아
요. 그런 의미에서 저희 동네 어르신들도 많이 변하셨어요. 처
음에는 개 때문에 유난 떤다고 말씀하던 분들도 이제는 아이
들이 제 가족이라는 사실을 받아들이셨죠. 아이들과 행복한
일상을 살아가고, 그 행복감을 많은 이들에게 보여주는 것뿐
인데도 동네 주민 분들이 변한 거예요. 이것처럼 우리가 꾸준
하게 **mellow**한 삶을 살아간다면, 믹스견에 대한 인식도 점차
발전할 것이라고 믿어요(웃음).

**매일 행복한 똘이네 가족들처럼, 모든 시고르자브종 아이들
이 평온한 견생을 즐기길 바라요.**
시고르자브종, 믹스견 친구들이 멋진 건 스토리가 있기 때문
아닐까요? 서로 다른 두 존재가 만들어 낸, 유일무이한 스토
리가 담긴 생명이니까요. 그들만의 이야기가 믹스견을 더욱
반짝이게 해주기도 하고요. 차별 때문에 생긴 슬픈 사연, 웃음
이 팡 터지도록 유쾌한 탄생 스토리, 시골의 일상을 담은 동화
같은 이야기 모두 믹스견들의 곁에서 탄생되었죠. 시작은 어
떨지 몰라도 끝은 항상 해피엔딩으로 마무리되었으면 합니
다.
이전에 SNS에도 올린 적이 있는데요. 회사 앞에 강아지들이
뛰어놀 수 있는 작은 공터가 있어요. 가끔 이곳에 믹스견 친구
들을 초대해 보면 어떨까 상상해 보곤 해요. 자신만의 매력을
가진 강아지들이 함께 뛰노는 모습, 상상만 해도 즐겁지 않나
요? 언젠가 그런 날이 오기를 바라며 저는 아이들과 행복하고
건강한 일상을 이어나갈 예정입니다. 평화로운 시골 동네에
서요(웃음). 그러니 똘이, 순무, 새롬아, 그때까지 건강하게 누
나 곁에 있어 주길 바라!

수제비 치료실에 온 걸 환영합니다

Welcome To The 'SUJEBI' Treatment Room

하늘을 올려다볼 틈이 없던 한 사람. 꼬순내가 솔솔 풍겨오는 수제비 치료실에 들어서자 다른 세계가 펼쳐졌다. 넓은 들판을 신나게 가로지르며 푸르른 호주의 하늘을 마음껏 누린다. 여태껏 깨닫지 못했던 황홀한 장면들이 생경하다. 무미건조한 일상을 간신히 견디던 순간은 점점 희미해진다. 온통 아름다운 것투성이다. 함께 걷고, 뛰고, 다시 걷다 이따금 서로의 얼굴을 마주 본다. 그녀의 세계는 완전히 새로워졌다. 아니, 어쩌면 새로워진 건 그녀 자신일지도.

글·사진 유희진 @litch_191125 | 에디터 유하림

한 마리의 강아지, 셀 수 없는 매력

안녕하세요. 저는 호주에서 8년째 이민 생활을 하고 있는 리치 엄마 유희진입니다. 리치는 현재 세 살이고, 저희 부부의 작고 아담한 외동아들이에요. 물론 몸무게가 13kg이나 나가지만요(웃음). 아마 '이케아 강아지'라는 별명으로 알고 계실 거예요. 리치의 살짝 처진 눈, 입 바깥으로 내민 혀, 턱까지 내려온 귀를 보시곤 이케아 강아지 인형 같다는 댓글이 달렸어요. 공감하는 분들이 많았는지 비슷한 반응이 많았고 자연스럽게 별명이 됐죠. 이렇게 생겨난 별명이 여러 개 랍니다.

리치를 좋아해 주는 랜선 이모들 덕분에 생긴 재미있는 별명도 있어요. '나문희 선생님'이라는 별명이죠. 리치는 쭉 늘어진 입술로 호박고구마를 먹은 듯, 짖지도 않고 멀뚱멀뚱 쳐다만 봐요. 게다가 곱슬곱슬한 털을 가지고 있어서 동네 미용실에서 파마한 것 같은 느낌이 나기도 하죠. 그래서인지 나문희 선생님의 인자하고 느릿한 모습과 아이의 느긋한 모습이 겹쳐 보이나 봐요.

제가 지어준 별명 중 하나는 '썸남'이에요. 그런 거 있잖아요, 썸 타는 느낌. 다가올 듯 다가오지 않은 느낌이요. 뽀뽀할 타이밍인데 빤히 쳐다보기만 하고, 간식을 줘도 먹지 않고 먹여주기를 기다리고 있고요. 손을 잡으면 금방 빼버리면서 무심하게 모른 척하면 다시 손을 잡아달라고 긁어댑니다. 이런 행동이 저와 밀당을 하는 것처럼 느껴져서 썸남이라는 별명을 지어주게 되었어요.

최근에는 아이의 팔랑팔랑한 귀를 보고 후루룩 찹찹 한 입 쏙 먹고 싶은 느낌이라면서 생겨난 별명이 있어요. '수제비 맛집' '수제비 치료실'이라는 별명인데요. 꼬리를 살랑살랑 흔들며 그저 쳐다만 보는데도 치유가 되는 느낌이 들고요. 리치는 정말 많은 모습을 가진 강아지예요. 그런 리치가 제 삶에 섞여 들어와 웃을 일이 얼마나 많은지 몰라요. 저도 수제비 치료실 덕분에 많은 것을 치유 받았답니다.

긴 어둠을 단번에 무너뜨린

공황장애와 불안장애를 갖고 산 지 15년 정도 되었어요. 호주에서 살고 있다 보니 타지 생활이 외롭기도 했고요. 그러다 리치를 만나게 됐어요. 처음 데려왔을 때는 정신이 하나도 없었죠. 리치는 다양한 면을 가지고 있는 아이거든요. 한없이 순한 성격이라 그런지 겁이 많지만 어떨 때는 호기심도 넘쳐나서 낯선 동물들에게 관심을 보이기도 해요.

집 근처에 야생동물들이 살고 있는 뒷동산이 있는데요. 한적한 곳이라 자주 산책하러 가는 곳이죠. 그런데 철딱서니 없는 리치가 야생 캥거루나 왈라비를 만나면 성큼성큼 다가가더라고요. 저는 뒷발차기라도 당할까 질겁하며 도망

치기 바쁘거든요. 하지만 검은색 봉투나 본인보다 큰 상자만 보이면 허겁지겁 피하기도 해요. 이렇듯 리치와 가족이 되면서는 우울하거나 공황장애를 느낄 틈이 없었어요. 작고 소중한 생명이 저한테 오게 되어 콩콩 집안을 뛰어다니는데… 온통 신경이 이 녀석한테 집중되어 아플 새가 없더라고요.

리치와 비슷한 성향을 가진 강아지들이 호주 정신과 치료에서 테라피 도그Therapy dog 신체적 질병이나, 정신적 상처가 있는 사람들을 회복하도록 돕는 강아지로 일하기도 한대요. 온화하고 친화력 있는 성격이 도움이 되나 봐요. 이 사랑스러운 강아지가 저에게 최고의 테라피 도그가 되어준 것 처럼요. 특히 리치는 꼬순내가 정말 진해서 스트레스가 날아가다 못해, 황홀할 지경이죠. 말 그대로 수제비 치료실이에요. 이 녀석 덕분에 더 이상 힘든 시간을 보내지 않을 수 있어요. 리치가 제 삶에 자연스럽게 스며든 후로 정말 행복해졌어요.

우리는 건강하게 닮아가고

아이를 만나기 전까지는 죽어라 일만 하면서 살았던 것 같아요. 호주라는 아름다운 나라에 살면서 여기 하늘이 얼마나 예쁜지 몰랐어요. 마냥 차가울 거라고 생각했던 호주 바다가 미지근하고 따뜻하다는 것도 리치랑 뛰어놀면서 처음 알게 되었죠.

저는 원래 굉장한 집순이었는데, 리치를 만난 이후부턴 바깥으로 나갈 수밖에 없더라고요. 활기찬 강아지의 에너지를 집안에서는 감당하기 힘들었거든요. 기왕 뛰는 거, 실컷 뛰라고 자주 데리고 나가다 보니 이런 부분이 저에게 보약이 되었나 봐요. 시간이 흐를수록 공황장애 증상도 사라지고, 체력도 좋아졌어요. 이제는 "이건 누구를 위한 산책인가?" 싶을 때가 많아요(웃음). 서로가 지칠 때까지 산책시켜 주는 입장인 것 같습니다. 최고의 산책 메이트예요.

날이 갈수록 하나가 되는 느낌이 들어요. 처음 리치를 데려왔을 때는 아이의 촉촉한 코끝만 스쳐도 침 한 방울만 묻어도 온종일 손을 씻어대서 습진으로 고생했죠. 하지만 지금은 리치 한 입, 저 한 입 사이좋게 수박을 나눠 먹을 정도로 무뎌졌어요. 지나치게 깔끔해야 한다는 강박에서 벗어난 거죠. 리치는 저를 보며 깔끔해지고, 저는 리치를 보며 무뎌지고 있답니다.

숨소리를 들으며 부드럽게 스며드는

아무래도 리치와 저는 서로 스며들 수밖에 없는 환경이거든요. 요즘엔 재택근무를 할 때도 있고, 리치를 데리고 갈 수 있는 곳엔 항상 함께하는지라 거의 24시간 붙어있는 것 같아요. 그중에서도 완전히 동화된 삶을 살고 있다고 느낄 때는 잠이 드는 순간이에요. 저와 리치는 서로의 숨소리를 들어야만 솔솔 잠이 옵니다. 저희 둘 다 이불 속에 딱 붙어 잠을 청하는데요, 제가 새벽에 화장실이라도 가면 눈도 못

뜬채로 절 따라와요. "아이고 리치야, 가서 자자" 하고 달랜 뒤에 다시 껴안고 잠이 들지요. 그러다 아침이 오면 먼저 일어난 신랑이 경악하며 사진을 찍곤 해요. 밤새 덮고 잔 이불이 온데간데없는 건 물론이고, 제가 리치의 쿰쿰한 엉덩이 냄새를 맡으며 상쾌한 아침을 맞이하는 모습이 웃긴다고 하더라고요(웃음).

제 삶에 자연스럽게 섞여 들어온 리치와 어느새 서로를 닮아가고 있어요. 리치는 손목시계를 차고 있는 것처럼 저를 따라 시간 맞춰 움직이고, 저 또한 리치가 좋아하는 것들을 함께 좋아하게 됐거든요. 정말이지 하나가 된 일상을 살아가고 있는 것 같아요. 이제 수제비를 닮은, 고소하고 따끈한 이 강아지는 저의 숨결이고, 살결이고, 삶의 전부예요. 저와 남편에게 없어서는 안 될 소중한 아이죠. 앞으로 리치와 함께할 시간도 지금처럼 쭉 재미있고, 행복했으면 좋겠습니다.

Like The Sunset Colored The Island

글·사진 유성호, 안송희 @bambi__jeju | 에디터 최진영

낯선 섬을 물들인 노을처럼

안녕하세요. 아름다운 섬에 초대해 주셔서 감사해요.

성호 : 안녕하세요. 신혼의 마음을 가지고 알콩달콩 생활하고 있는 2년 차 부부 유성호, 안송희입니다. 강아지 '밤비'와 고양이 '범이' 그리고 저희 부부까지. 이렇게 네 식구가 함께 살고 있어요.

송희 : 저희 네 가족은 제주 중산간에 위치한 애월리의 한 동네에서 살고 있어요. 모두 〈효리네 민박〉이라는 예능 프로그램 기억하시죠? 그때 이효리 씨가 살던 소길리가 바로 옆 동네에요. 봄이 되면 눈이 부시게 만발하는 제주 왕벚꽃이 아름다운 곳이랍니다.

서울에서의 생활을 잠시 멈추고 섬으로 오셨다고 들었어요. 제주를 선택한 이유가 있나요?

송희 : 결혼할 당시에 코로나가 유행했어요. 하늘길이 막혀버려서 신혼여행은 포기해야만 하는 상황이었죠. 신혼여행 비용으로 뭘 해볼까 고민을 하다가 한때 유행했던 '제주 일년 살이'가 떠올랐어요. 그렇게 제주로 날아왔죠.

성호 : 마침 저는 재택근무가 가능하기도 했고요. 와이프의 경우에는 오랜 기간 쉼 없이 일을 해와서 휴식이 필요한 참이었어요. 모든 게 잘 들어 맞은 거죠. 딱 1년만 살아보려 했는데요. 제주에 온지 반 년이 채 되지 않았을 무렵에 집을

알아보고 있는 저희를 발견했답니다.

한번도 살아본 적 없는 낯선 타지인데도 마음에 드셨나 봐요. 자연스레 스며드신 것 같아요.

송희 : 서울에서의 삶이 빠르고 편리하긴 하지만 이곳에서의 생활이 더 행복해요. 이전부터 북적북적한 곳보다는 조용하게 도란도란 이야기를 나눌 수 있는 공간을 좋아했거든요. 제주에 내려와보니 일상 자체가 여유롭게 변했다는 생각이 들었어요. 마음만 먹으면 바로 바다를 보러 갈 수 있는 게 얼마나 큰 행복인지 알아 버리기도 했고요. 노을 지는 해변에 온 가족이 나란히 앉아 소소한 이야기를 나누는 그 순간이 너무 소중해요.

그리고 이곳에서 마치 운명처럼, 제주에서 나고 자란 밤비

를 만나게 되셨죠.

성호 : 결혼 전부터 반려하던 강아지가 있었어요. '똘이'라는 이름의 아이였는데, 똘이는 저와 14년이라는 일생을 함께 해 줬어요. 노견인 똘이와 함께 긴 시간이 걸리는 배를 타고 제주로 내려왔어요. 하지만 지병이 있던 아이는 일생의 마지막 4개월 동안 제주의 아름다운 자연을 즐기다 무지개다리를 건넜습니다. 이별을 하고 울기도 많이 울고…힘든 시간을 보냈어요. 그러던 와중에 밤비와 인연을 맺게 되었답니다. 저희를 처음 보고 꼬리를 마구 흔들던 밤비의 모습이 아직도 생생하네요.

밤비와 함께하는 하루는 어떻게 흘러가나요?

성호 : 아내는 출근을 하지만 저는 재택근무를 하는 중이라 대부분의 시간을 아이들과 함께 보내요. 아침에 일어나면

밤비와 짧은 마당 산책을 즐깁니다. 그 후 근무를 하는데, 근무 중일 때에도 밤비와 범이가 놀아달라고 하면 잠시 짬을 내 놀아줄 수밖에 없어요. 애처롭고도 사랑스러운 눈빛을 어떻게 무시하겠어요(웃음)? 업무가 끝나고 난 뒤에는 상대적으로 시간이 여유로운 제가 저녁식사를 준비해요. 이곳에서는 그 흔한 배달도 쉽지 않아서 매일매일 요리 실력이 늘고 있답니다. 아내가 돌아오면 함께 산책을 하고, 집으로 돌아와 저녁식사를 하며 하루를 마무리해요. 그러다 보면 어느새 하루가 지나 있죠.

육지에서 온 두 분이 토박이 밤비에게 배운 점이 있나요?
성호 : 밤비는 제주의 흙길과 모래사장, 그리고 바닷가의 현무암 냄새 맡는 걸 좋아해요. 아스팔트 바닥 위를 걷기보단 폭신한 제주의 토양을 마구 즐기는 타입이에요. 서울에 살

때는 이렇게 자연을 느낄 수 있는 곳이 별로 없어서 늘 아쉬웠어요. 그런데 이곳은 주변이 온통 산책 코스에요. 제주 강아지 밤비와 같이 길을 걸으면 자연스레 그곳의 풍경을 듬뿍 느끼게 돼요. 밤비는 섬의 자연이 한 몸에 믹스된 '제주 믹스견' 같기도 해요(웃음).

섬 이곳저곳을 누빈다고 들었어요. 가장 좋아하는 산책코스를 소개해 주실 수 있을까요?
송희 : 곽지해수욕장을 정말 좋아해요. 집에서 가깝기도 하고, 노을이 질 때 찬란하게 아름다운 풍경이 펼쳐지거든요. 남편은 매일 보는데도 그렇게 좋냐 묻는데, 볼 때마다 아름다워요. 유독 붉은 제주의 노을과 그 노을을 닮은 제주의 강아지가 정말 잘 어울리기도 하고요. 밤비도 저처럼 해변 산책을 좋아해요. 해변을 달리는 밤비의 모습을 보면 온 자연

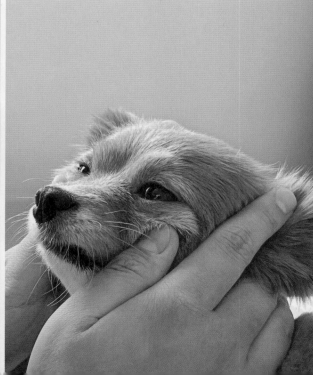

이 밤비의 품에 있는 것만 같은 느낌도 들어요. 그 정도로 제주의 풍경 속에 푹 빠져 살아간답니다.

자연 속에서 어우러지며 한 가족이 되었네요. 조화를 이루며 살아가는 일상이 정말 아름다워요.

성호 : 저희는 거의 모든 시간을 함께 보내요. 산책을 할 때도 셋이 함께 집을 나서고, 외식을 할 때도 반려견이 동반되는지부터 확인해요. 그러다 보니 제주의 강아지 동반 명소를 찾는 재미도 쏠쏠하죠. 생각해 보니 제주가 저희 가족을 더욱 결속시켜 주고 있는 것 같기도 하네요. 서울에서 오랜 시간을 보낸 저에게 제주는 그저 여행지였어요. 여행으로 방문했을 때에는 섬의 이곳저곳을 빠짐없이 돌아다녔는데요. 제주도민이 되고 나니 오히려 지금 살고 있는 제주의 서쪽을 벗어난 적이 별로 없어요. 밤비와 집 근처 해변을 산책하는 것만으로도 행복하니까요.

송희 : 매일 봐도 매일 귀여운 밤비 덕분에 가족이 더욱 돈독해졌어요. 저는 아침잠이 많은 편인데요. 밤비는 늘 새벽부터 저를 깨워요. 덕분에 느긋하게 밤비와 아침 시간을 보내다 출근을 한답니다. 이렇게 함께하는 일상이 익숙해지는 그 순간, 우리는 진정한 가족이라는 걸 느껴요.

서로 다른 두 사람이 만나 가정을 이루고, 타지에 적응해 자연스레 섞이며, 세상에 단 하나뿐인 소중한 믹스견과 함께하는 삶, 그 자체가 '믹스(Mix)' 아닐까요?

송희 : 밤비 덕분에 삶이 두 배로 행복해진 것 같아요. 밤비도 저희와 가족이 되어서 행복한 시간을 보내고 있겠죠? 어디에선가 '피곤한 강아지가 진짜 행복한 강아지다' 라는 말을 들은 적이 있어요. 그 이야기를 들은 후부터는 코를 골며 단잠에 빠진 밤비를 볼 때면 오늘도 즐겁고 행복한 하루를 보낸 것 같아 다행스럽더라고요.

아이와 함께 산책을 할 때면 종종 밤비를 알아보시고 인사를 건네는 분들도 있어요. 밤비를 이뻐해 주시고 조심히 인사해 주시는 모습을 볼 때마다 너무 감사해요. 가끔은 밤비의 종을 물어보는 분들도 있는데요. 그분들에게 밤비는 믹스견이라 말씀드리면 "믹스견이 어떻게 이렇게 이뻐요?"라며 반문하더라고요. 밤비를 사랑해 주는 마음이 고마우면서도, 한 편으로는 이 세상의 모든 믹스견 아이들은 모두 예쁘고 사랑스러운데, 그 사실을 모르는 현실이 안타까워요.

세상엔 정말 다양한 믹스가 존재해요. 밤비도 그중 하나고
요. 믹스는 자연스러운 삶의 순리가 아닐까 생각한답니다.
성호 : SNS에도 종이 무엇인지 물어오는 댓글이 많이 달려
요. 이젠 저희가 댓글을 달지 않아도 팬분들이 센스 있는 답
변을 달아 주시더라고요. '귀엽종, 예쁜종, 사랑스럽종'부터
'시고르자브종'까지. 밤비를 설명하는 귀여운 댓글이 달릴
때마다 웃음이 흘러나와요. 강아지를 평생 가족으로 맞이
하고 보호자가 된다는 것은 쉽지 않은 결정이에요. 하지만
그럼에도 불구하고 소중한 마음을 나누기로 결정하셨다면,
세상에 단 하나뿐인 믹스견을 가족으로 맞이하는 건 어떨
까요?

너는 나와 같은 존재, 나는 너와 같은 존재

You're Like Me
I'm Like You

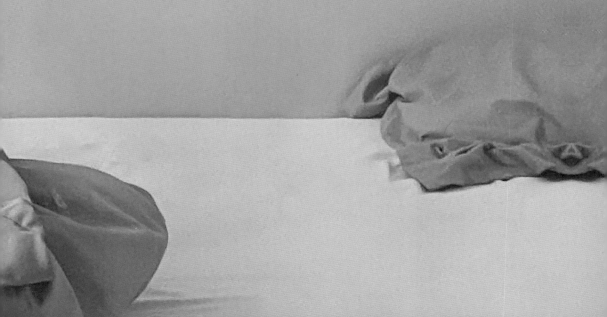

세상이 정한 기준선 밖에 있던 두 존재가 서로를 찾아냈다. 마주한 상대의 눈을 통해 자신을 떠올리고, 이해하고, 껴안는다. 둘이 하나가 되면 불완전한 모든 것은 사라진다. 그들의 안온한 마음만이 오롯하다.

글·사진 안시연 @siloxsilo | 에디터 최진영

안녕하세요, 시연 님. 우선 이렇게 만나게 되어 정말 반가워요. 멜로우메이트분들에게 소개 부탁드려요.

안녕하세요. 정말 반가워요. 저는 한국과 프랑스 다문화 가정에서 태어난 안시연, 프랑스어 이름으로는 실로에 안자르디Siloé Anzardi라고 합니다. 한국과 프랑스 다문화 가정이지만 한국에는 열다섯 살에 고등학교 진학을 위해 처음 오게 되었어요. 그 후 미국에서 학사를 마치고 한국에서 잠시 모델과 언어 강사 프리랜서 생활을 하다 석사 공부를 위해 캐나다로 떠났습니다. 지금은 캐나다에서 학위를 위해 열심히 공부 중이에요. 라비는 한국에서 프리랜서 생활을 할 당시 만나게 되었어요. 그 후 많은 과정을 거쳐 평생 가족이 되었습니다.

어린 나이에 혼자 낯선 곳에 오게 되었군요.

서울공연예술고등학교라는 유명 예고에 진학하기 위해서였어요. 당시 현대 무용을 전공했지만 남은 자리가 연기반밖에 없었어요. 연기를 전공하면 무용, 노래, 연기까지 모두 배울 수 있다는 말에 전공을 변경해 학교에 입학했습니다. 어렵사리 한국 고등학교에 입학했는데 모든 게 낯설더라고요. 한글도 어렵고 프랑스와 문화도 다르고요. 한국 아이들만 가득한 학교에서 섞이는 게 쉽진 않았어요. 그렇지만 힘든 와중에도 설레는 마음이 더 컸습니다. 난생처음 해보는 도전이 재미있었나 봐요. 덕분에 견딜 수 있었죠.

한국에서 연기를 배우며 스스로 성장하고 치유되고 있다는 게 느껴졌어요. 배우면 배울수록 더욱 의미 있게 연기를

하고 싶다는 생각이 들기도 했고요. 그러는 와중에 한 교수님께서 이런 말씀을 하시더라고요. "연기를 통해 삶을 연습한다". 이 말이 크게 와닿았어요. 예술을 통해서 사람들을 돕고 싶다는 마음이 커지기도 했습니다. 학교생활을 이어가던 중, 우연한 기회에 미국에는 'Arts Therapy 예술 치료'라는 전공이 있다는 걸 알게 되었죠. 그 후 바로 편입 준비를 하고 미국으로 가게 되었습니다.

예술치료를 공부하며 내면의 성장도 있었을 거 같아요. 아무래도 치료라는 것이 상담자인 나의 현재를 돌보는 것부터 시작하잖아요.
사실 그렇진 않았어요. 프랑스에서 한국으로, 그리고 또 미국으로 이어진 타지 생활이 쉽진 않았거든요. 그렇게 2년 6개월 만에 학사를 조기 졸업하고 나니 번아웃이 오더라고요. 미국에서의 유학 생활이 끝나고 한국으로 돌아와 회복에 전념했어요. 그런데 정신을 차려보니 또다시 바쁜 일

상이 휘몰아치기 시작했죠. 바쁘게 사는 게 좋다고 생각했는데 더 이상 그렇게 살고 싶지 않았어요. 소비적인 삶보다는 의미 있는 삶을 살겠다 다짐하며 일상을 정리해 나갔어요. 그때부터 유기견, 유기묘 봉사와 임시보호도 시작했고요.

그곳에서 라비와 만나게 되신 건가요?
임시보호 활동을 하다 보니 강아지를 입양하고 싶어지더라고요. 하지만 선뜻 용기를 내진 못했어요. 한 생명을 책임지고 가족이 되는 것에 막연한 두려움이 있었거든요. 혼자 살기도 했고, 또 어떤 변수가 생겨 다른 나라로 훌쩍 날아갈지도 몰랐으니까요. 그렇지만 임시보호를 마무리하고 아이들을 평생 가족의 품으로 보낼 때… 마음이 힘들더라고요. 반려견과 함께하며 마음을 나누는 지인들을 보며 저도 한번 용기를 내기로 했습니다. 그렇게 당시 임시보호 중이던 라비를 입양하게 되었어요.

라비를 입양한 특별한 이유가 있다고 하던데, 들려주실 수 있을까요?

프랑스에서는 보호소에서 강아지를 입양하는 게 당연했어요. 그러다 보니 믹스견에 대한 편견도 없었고요. 오히려 강아지들이 좁은 칸 안에 진열되어 있는 펫숍에서 반려견을 구매하는 게 어색하다고 느껴졌죠. 한국에서 살고 있는 다문화 인으로서 더욱 마음이 움직이기도 했습니다. 믹스견이라는 이유 하나만으로 차별당하는 현실이 너무 불공평하게 느껴졌거든요. '믹스견은 털이 많이 빠지지 않냐' '너무 커지는 건 아니냐' 이런 말들을 만들어 내며 차별을 하는데, 그 모습을 보고 있자니 너무 화가 나기도 하고요….

동질감을 느끼신 거군요.

라비를 보는 순간 '너도 나랑 똑같구나'라는 생각이 스쳤어요. 어딘가에 속할 수 없는 처지라는 게 저희 둘의 공통점이라 느껴졌어요. 지금은 많이 변화했지만 라비를 입양할 당시만 하더라도 편견을 가지고 있는 사람들이 많았거든요. 특히 우리나라는 무언가를 카테고리화하려는 성향이 강하다고 생각했어요. 어떠한 범주를 정하고 그 안에 들지 못하면 차가운 시선을 보내는 거예요. 저도 한국 사회에서는 어디에도 속하지 못한 이방인이었고, 라비도 어떤 '품종'이라 일컬어지지 못하는 믹스견이었고요. 그 지점에서 동질감을 느낀 것 같아요.

서로의 아픈 곳을 쓰다듬으며 더 큰 교감을 이뤄냈네요.

라비와 함께하며 많은 것을 이뤘지만 가장 크다고 말할 수 있는 건 존재 자체를 인정하는 방법을 배웠다는 거예요. 외모, 성격, 국적, 성별. 어느 것 하나 판단하지 않고 존재 자체를 받아들이는 거죠. 라비는 다른 강아지들처럼 애교를 부린다거나 살갑게 장난을 치는 편은 아니에요. 도도한 편이랄까요(웃음). 하지만 무뚝뚝한 성격도 라비의 일부분인 거잖아요. 다른 강아지들과 다르다고 아이를 판단하거나 재단 하지 않고, 라비 자체로 바라보고 있어요. 정형화된 틀 안에 갇힌 존재가 아닌 하나의 존재로서 인정하는 법. 라비 덕분에 있는 그대로 이해하고 따스한 시선을 주고받는 방법을 배웠습니다.

언제나 손을 맞잡은 둘의 모습이 눈부시네요.

우리는 항상 함께하고 있어요. 지금은 캐나다 유학 생활을 함께하고 있고요. 한국에선 라비가 허스키와 진도가 믹스되었다고 운동장 입장이 거부된 적이 있었어요. 덩치가 커서 사람들이 무서워하고 문제 행동을 일으킬 수도 있다는 핑계를 대면서 입장을 거부하더라고요. 당시 석사 유학에 대해 고민을 하던 시기였는데, 그 모습을 보고 확신을 얻었죠. 라비에게 더 좋은 환경을 선물해 주고 싶었거든요. 캐나다는 확실히 우리와는 다른 반려문화를 가지고 있어요. 다양한 체형의 강아지들이 자연스럽게 받아들여지고, 보호자들은 나의 반려견과 상대의 반려견이 서로 다르다는 것을 인정하고 맞춰갈 수 있도록 노력해요. 아이들끼리 문제가 생기면 상대 보호자와 대화를 한 후 해결하고요. 한국도 곧 이런 반려문화가 정착하리라고 믿고 있어요. 믹스견에 대한 시선도 점차 좋아지고 있고요. 주변만 봐도 더 나은 반려문화를 위해 노력하는 분들이 하나 둘 생기고 있어요. 이런 움직임이 계속된다면, 언젠가는 더 좋은 반려문화가 정착될 것이라 믿고 있습니다.

라비는 시연 님에게 어떤 존재일까요?

'사랑함으로써 사랑받는 존재' 이렇게 정의하고 싶네요. 라비를 통해 더 나은 나를, 그리고 더 깊은 사랑을 생각해 보게 되었어요. 라비는 밤새워 술만 마시던 저를, 끊임없는 인간관계 속에서 허덕이던 저를, 자신도 돌보지 않고 일에 빠져 살았던 저를 일으켜 세웠습니다. 라비를 보며 나를 돌아보게 되고, 아픈 라비를 돌보며 나의 아픔도 생각하게 되었어요. 저의 일부라고 할 수 있어요. 이런 아이를 어떻게 사랑하지 않을 수 있을까요?

MIXED, BLENDED, BUT NOT MINGLED

섞이고 섞였으나 섞이지 못한

싸우기 위해 강한 개들과 섞이고, 먹히기 위해 커다란 개들과 섞였다. 까맣고 처진 입, 커다란 몸, 주름진 이마, 휘어 버린 뒷다리를 가진 아이들. 사람의 잔인 함과 냉혹함 그리고 죄책감이 뒤섞여 만들어진 가장 강하고도 가장 약한 개. 이 제 우리와 섞여 함께 살아갈 수는 없을까?

글·사진 오승원 @babsdiary | 에디터 박조은

있는 그대로 볼 수 있다면

'도사견'은 일본의 시고쿠 남부에 위치한 도사 지방에서 만들어진 종이다. 1800년대, 일본의 '아키타'를 비롯한 토종개들이 서양개와의 투견 경기에서 연속적으로 패하자 이에 분노한 투견인들이 일본 토종 투견 '시코쿠'를 서양 투견인 마스티프, 그레이트 데인, 불독, 세인트 버나드, 불테리어 등과 교배하여 만들었다. 한때 '재패니즈 마스티프'라고 불렸던 도사견은 싸움을 말리지 않으면 죽을 때까지 싸우는 근성이 있는 것으로 알려져 있다. 투견 대회가 전 세계적으로 큰 인기를 누리던 때 도사견은 냉혹하게 싸워야만 했다. 그 목적으로 만들어졌으니까.

1950년대 후반, 도사견은 일본에서 우리나라 공무원에게 준 선물로써 한국에 들어오게 되었다. 당시 한국과 일본에서 투견은 합법적인 오락이었고, 매년 한-일 친선경기나, 대통령 배 경기가 대대적으로 열릴 정도로 인기를 끌었다. 많고 많은 투견들 중 늘 승리하는 건 도사견이었다. 그러다 보니 국내에서도 강한 개체를 만들어내기 위해 무차별적인 교배와 판매가 유행했다. 그렇게 태어난 도사견 중에서 투견으로서 부족하다고 판단되는 아이들은 식용 개농장으로 보내졌고, 투견으로서 적합한 아이들은 평생을 투견판에서 싸워야 했다.

시간이 흐르면서 문화가 바뀌었다. 사람들의 주거환경이 변화하고 투견 경기는 전 세계적으로 불법이 되었다. 이제는 개들의 삶이 묶여 지내는 가축에서 소위 '애완견'으로, 더 나아가 '반려견'으로 변화하고 있다. 그런데 도사견만큼은 그대로다. 여전히 투견 아니면 식용견이다. 식용 개농장에서 무차별 교배되며 죽음이 예정된 열악한 삶을 살아간다. 도사견이 정말로 흉폭한 성질을 가진 종이었다면 아마 식용견이 되지 않았을 것이다. 이 아이들은 공격성 훈련을 받지 않는 한, 대체로 순한 성격을 가지고 있어 관리와 도살에 편리하므로 도살업자들에게 선택되었다.

반갑습니다. '밥'이와 '승원' 님 소개를 부탁드려요.
안녕하세요. 밥이와 성북구에서 함께 살고 있는 오승원이
라고 합니다. 현재 한국예술종합학교에서 다큐멘터리를
전공하고 있습니다. 제가 임시보호하고 있는 밥이는 일곱
살의 여자아이로 28-30kg의 작은 도사견입니다.

둘은 어떻게 인연을 맺게 되었나요?
21년 겨울에 군대를 전역하고 집을 얻었는데 혼자 살기엔
공간이 넓다고 느꼈습니다. 입대 이전에도 여러 번 유기견
임시보호를 했었는데 '이번엔 사람과 살아본 경험이 없고
인기가 없는 강아지를 데려오자'는 생각을 했습니다. 이왕
이면 가장 도움이 필요한 강아지를 데려오고 싶었습니다.
당시 저도 무척 외로웠던 터라 추운 겨울날 집이 필요한 강
아지에게 공간을 내어준다면 보람이 클 것 같았거든요. 무
섭게 보일 수 있는 외모과 달리 초롱초롱한 눈망울을 가진
밥이가 특별하게 다가왔죠. 그렇게 저희는 같이 살기 시작
했고, 처음엔 겨울 3개월 간만 임시보호하기로 예정되어
있었는데 어느덧 시간이 이렇게 흘렀습니다. 이제는 제가
밥이를 보내지 못하는 처지가 되었네요.

**승원 님을 만나기 전, 밥이에겐 마음 아픈 사연이 있다고
들었어요.**
밥이는 부산의 식용 개농장에서 태어났습니다. 어린 시절
가족과 함께 구조되어 경기도 마석에 위치한 사설 보호소
로 가게 되었죠. 아직까지도 개농장의 흔적이 남아있는데,
대표적으로 휘어 있는 뒷다리를 들 수 있어요. 태어나자마
자 뜬장에서 생활한 강아지들은 작은 발이 뜬장 사이로 빠
지지 않도록 힘을 주어 다리를 모으고 있습니다. 그렇게 자
라면서 그대로 굳어버리곤 해요. 무책임한 사육환경에서
비롯된 후천적 장애이다 보니 밥이의 뒷모습을 볼 때마다
마음이 아픕니다. 또 비위생적인 환경에서 개들을 사육하
기 때문에 질병에도 취약할 수밖에 없어요. 이 때문에 밥이
는 아직도 아토피를 앓고 있죠.

**지금은 완전히 반려견의 삶에 적응한 것처럼 보여요. 그 시
간 동안 어떤 일이 있었는 지 궁금해요.**
집으로 데려왔던 날, 제 결정을 한 번 되돌아봤어요. '이게
맞나?' 싶었습니다. 사진으로 봤을 때보다 커다랗고 냄새
도 났고 피부도 이곳저곳이 까져 있었어요. 무척 겁이 많아

서 일상에 적응하는 데 어려움도 참 많았고요. 구석에만 있으면서 간식을 줘도 별 관심이 없었죠. 빠른 움직임을 보이거나 적극적으로 다가가면 겁을 먹기 때문에 놀라지 않게 천천히 움직이며 큰 관심을 주지 않으려고 노력했어요. 그렇게 일주일이 지나니까 집을 편하게 돌아다닐 정도로 적응했어요. 집 밖을 나서는 것에 적응하는 건 시간이 조금 더 걸렸죠. 먼저 계단을 너무 무서워해서 계단을 내려오게 하는 데만 한참 걸렸어요. 꼬리를 바짝 내리고 겁을 먹은 채 산책을 했는데, 도로 한가운데에서 걸음을 멈춰서 밥이를 안고 걸어야 하는 순간들도 많았어요.

그렇게 조심스러웠던 아이가 이제는 애정표현도 하잖아요. 그 모습을 본 제 마음도 벅차더라고요.
밥이가 처음으로 애정표현을 했던 날이 기억나네요. 임시보호를 시작하고 2주쯤 지났을 때, 제가 만져주니까 배를 뒤집고 입을 벌리며 좋아했어요. 애정표현이 쉬운 아이가 아니라는 걸 아니까 더 감격스러웠죠. 한 달쯤 지났을 때엔 안는 것도 허락해 줬어요. 이제는 잠자고 있는 밥이를 감싸 안으면 제 팔에 머리를 대고 코를 골면서 편히 자요. 다른 사람들에겐 허용하지 않는 애정표현을 저에겐 아낌없이 보여주니까 그럴 때 되게 고마워요.

친구들 사이에서도 인기가 많다고 들었어요. 어린아이들, 작은 강아지들과도 잘 지내는 젠틀한 강아지라고(웃음).
자신보다 작은 존재를 신기하게 바라보는 것 같아요. 어린 아이들이 다가와서 만지는 경우도 있는데 그럴 때에도 가만히 있고요. 산책하다가 만나는 친구들하고도 함께 잘 걸어요. 가끔씩 불같은 성격을 가진 소형견 친구들을 만나곤 하는데요. 코앞까지 와서 왕왕 짖어대도 시종일관 차분해요. 한번은 1.3kg밖에 나가지 않는 아기 말티즈를 만난 적

이 있어요. 30kg 대형견과 1kg 소형견이 같이 걷는 모습을 상상해 본적 있으신 가요? 저는 살짝 긴장했는데, 걱정이 무색하리만큼 같이 잘 걷더라고요.

이렇게 다정한데 '도사 믹스'라는 이유만으로 편견의 시선을 보내는 이들이 있다면서요?
도사견에 대한 편견은 사실 감내해야 하는 것 같아요. 아무래도 책임감이 필요하고, 조금 더 조심해야 할 부분들도 있으니까요. 사람들이 가지는 공포심을 나름대로 이해하고요. 하지만 어쨌든 전 밥이의 보호자니까 편견을 마주할 때 속상한 건 어쩔 수가 없어요. 처음에 밥이가 이 동네에 왔을 땐 산책을 나가면 모든 강아지와 보호자들이 저희를 피했어요. 소형견을 키우는 반려인들은 강아지를 안고 도망쳤고, 괴물 같다며 무섭다고 말하는 주민도 있었죠.

어느 날은 산책을 하는데 여러 마리의 강아지들이 모여서 놀고 있었어요. 밥이가 그 친구들을 유심히 바라보길래 인사하려고 다가갔어요. 그런데 모두들 갑자기 휙 가버리더라고요. 격하게 다가간 것도 아니고 천천히 조심스럽게 다가갔는데도 모두 도망가 버렸죠. 그 모습을 바라보는 밥이를 보니 마음이 아팠어요. 그리고 가끔 심한 말을 하는 어른들도 만나는데요. 몹시 화가 나지만 맞서 봐야 좋을 게 없어요. 생각 없는 보호자와 맹견으로 각인될 뿐일테니까요. 그래서 오히려 전 그분들에게 밥이와 인사해 보라고 권유해요. 인사를 하고 나서 오해했다고 미안하다고 사과하는 분들도 있고요. 오며 가며 인사하는 이웃이 되기도 해요. 그런 식으로 동네 이웃들과 조금씩 친숙해졌어요.

그런 노력을 통해서 어떤 변화가 생겼나요?

지금은 정말 많은 이웃들을 사귀었어요. 밥이에게 스카프를 선물해 주시는 분도 계시고, 간식을 나눠 주시는 분도 있죠. 밥이만 보면 껴안으러 오시는 아주머니도 있어요. 밥이는 그렇게 좋아하지 않았지만(웃음), 그래도 그런 애정이 감사하더라고요. 아, 산책 중에 만난 밥이 친구 중에 '카키'라는 골든 리트리버가 있는데요. 종종 카키의 보호자분이 운영하는 카페에 놀러 가기도 하고, 산책하다 우연히 만나면 한참을 떠들기도 해요. 어떤 고정적인 커뮤니티가 아니라 느슨한 이웃 간의 연대라서 오히려 마음이 편해요. 제가 편하다고 느끼는 만큼 밥이도 이 아마 이 동네에서만큼은 안전하다고 느끼고 있을 것 같아요.

도사견들은 온화하고 인내력이 좋아 북미에선 '베이비 시터'라는 인식이 있다고 하더라고요. 한국에서의 시선도 바뀌어야 아이들이 더욱 행복해질 텐데요.
밥이는 분리불안도 없고 산책 습관과 배변까지 완벽한 강아지예요. 평생 이런 강아지는 만나기 힘들겠다는 생각이 들 정도로 훌륭한 강아지인데 입양이 안 돼요. 개인의 조건이나 역량과 상관없이 한국 사회가 아직은 도사견(어쩌면 모든 대형견)이 살아가기에 친절한 곳은 아니라는 생각이 들어요. 매년 맹견에 대한 법적인 규제도 강화되고 있고, 그런 규제가 마냥 부당하다고도 보기 어려운, 굉장히 복잡한 상황인 것 같아요. 맹견에 대해 규제가 늘어나는 만큼, 편견을 바로잡을 객관적인 정보도 같이 전달되어야 하는데 현재로선 그렇지 않죠.
도사견에 대한 편견을 가지고 있는 사람들의 공포심을 비난하거나 탓하고 싶지 않아요. 하지만 한 번만이라도 도사견이 교육받고 사랑받을 수 있는 기회를 주셨으면 좋겠어요. 공포심의 일정 부분은 편견에서 온 것이라고 생각하거든요. 도사견이 태생적으로 순하다 혹은 사납다는 이야기가 아니라, 다른 강아지들과 똑같다는 이야기를 하고 싶어

요. 어떤 환경에서 자라느냐가 결국 제일 중요하죠. 흔히 '인간이 제일 나쁘다'고 얘기하잖아요. 이 말에 딱 들어맞는 게 우리 사회가 도사견을 대했던 방식이에요. 여태까지 투견과 식용견으로 도사견을 이용해왔으면서, 그랬던 역사와 환경은 되돌아보지 않는 거죠, 그들에게 삶의 기회를 주기보다 아예 존재를 지워버리는 쪽으로 가는 것 같아서 마음이 아파요.

밥이와 승원 님 덕분에 도사견을 다시 생각해 보게 되는 분들이 많을 것 같아요. 그저 둘의 일상을 지켜보는 것만으로도요.
저희의 일상을 좋게 봐주시는 분이 많아요. 정말 감사하지만 전 늘 부끄럽고 미안한 게 많은 보통 보호자예요. 부족한 조건 속에서 함께 살기 위해 노력하는 사람이죠. 좋은 것들만 주고 싶은데 한참 모자른 거 같아서 괴로울 때도 많고요.
몇 년을 같이 살다 보니 산책 중 겪는 시선이라든지, 사람들이 흘리듯 던지는 말들이 점점 마음속에 쌓여갔어요. 지치기도 하고 한편으로는 억울한 마음이 들었어요. 끔찍한

개농장에서 구조되고, 보호소에서 5년이라는 외로운 시간을 견딘 후에 겨우 집으로 왔는데, 그마저도 환영받지 못한다는 생각이 드니까 밥이의 삶이 너무 가엾은 거죠. 투견이나 식용견이 아니라 반려견으로서 살아가는 도사견의 모습을 보여주고 싶었어요. 그래서 밥이의 삶을 주제로 다큐멘터리를 기획하기 시작했습니다. 기획을 진행하다 보니 밥이와 제 삶이 긴밀히 연결되어 있다는 걸 알게 되었어요. 제 불안은 곧 밥이의 불안으로 이어지고 밥이의 불안이 제게 영향을 주기도 하는, 조금은 위태롭지만 그래도 같이 살아가고자 하는 저희의 관계를 보여주고 싶습니다.

도사견 중에는 여전히 가족을 찾지 못한 친구들이 많아요. 식용 개농장에서 구조되지 못한 아이들도 정말 많고요. 아이들에게 한 마디 부탁드려요.

밥이를 볼 때마다 누구에게도 온전히 사랑받지 못하고 뜬장에서 죽어간, 그리고 지금도 갇혀 있을 도사견 아이들이 떠올라요. 그 아이들이 뜬장에서 벗어나서 사랑을 경험해보고 제대로 된 교육을 받게 됐을 때 보여줄 변화는 정말 무궁무진해요. 아이들이 세상을 경험하고 깨달았으면 좋겠어요. 세상 밖에는 그들을 사랑해 줄 가족이 있고 자신들은 사랑받을 가치가 있다는걸요.

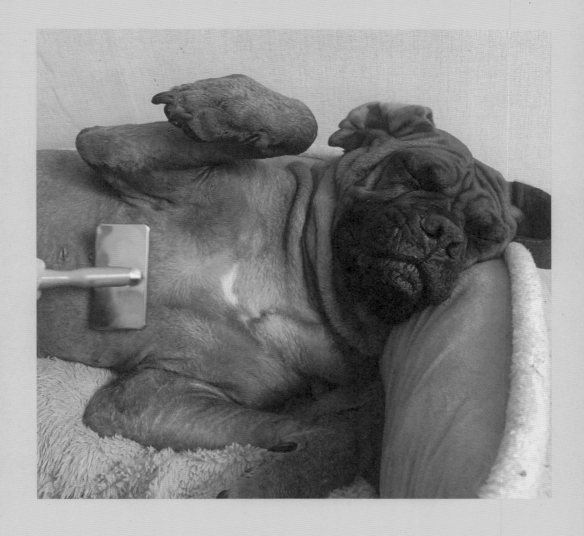

돌담 너머의 하루

A Day On The Island

털옷 입은 다섯 식구의 일상을 들여다봅니다. 바다를 가르는, 오름을 오르는, 맛난 간식을 먹는 그들이 스쳐 갑니다. 자못 귀여운 모습들에 미소가 흐르고요. 귀여운 잠투정에 움찔하기도 합니다. 돌담집에 살고 있는 그들은, 이곳에서 서로를 느낄 때 비로소 완전해집니다.

글·그림 황의정 @doodaamee | 에디터 최진영

안녕하세요, 작가님. 이렇게 만나 뵙게 되어 영광이에요.
안녕하세요, 만나 뵙게 돼서 정말 반가워요. 에세이집 『각자 원하는 달콤한 꿈을 꾸고 내일 또 만나자』의 저자 황의정입니다. 라이프스타일 스토어 〈파앤이스트 (FAR&EAST)〉를 운영하며 제주의 한 시골 마을에서 살고 있어요.

제주에 정착하게 된 이유가 있나요?
제주에 살게 된 것은 우연한 계기 덕분이었습니다. 일 때문에 제주에 내려간 남편이 섬 동쪽의 광활한 자연에 반했거든요. 그 덕에 이주를 계획하게 되었습니다. 이주를 다짐한 후에는 섬과 육지를 넘나들며 이사에 관련한 준비를 해야 했는데요. 그때마다 서울에서 부터 함께하던 저의 첫 번째 반려견 '두식'을 어딘가에 맡겨야 했습니다. 이주 준비가 생각보다 길어지던 어느 날, 그냥 두식이와 함께 제주에 내려가 보기로 했죠. 도착한 두식이는 처음엔 낯설어 했지만 금세 적응을 했습니다. 들판과 바다를 뛰어다니는 모습이 새로운 삶을 선물받은 듯한 풍경이었습니다. 그때부터 준비에 가속도가 붙기 시작했습니다.
저희가 터를 잡은 제주의 동쪽은 동네를 조금만 벗어나도 광활한 자연이 가득한 곳입니다. 어디를 가나 늘 기대치 이상의 자유로움이 있는 곳이에요. 제주의 자연에 푹 빠져들었다고 할까요. 살아볼까 말까를 고민할 겨를이 없이 빠른 속도로 제주에 정착하게 되었습니다. 제주행의 선택은 저희가 했지만, 결정은 두식이가 한 것이나 다름없어요. 두식이가 아니었다면 이렇게 빨리 시골마을에 안착할 수 있었을까 싶습니다.

두식이와 제주에 도착한 그날, 그날이 기억나시나요?
동네에 도착하자마자 두식이를 데리고 집 근처 오름으로 산책을 나섰습니다. 서울과 제주를 오가는 동안 자주 드나들던 곳인데, 인적이 드문 한적한 숲길이어서 제주에 오면 제일 먼저 가봐야겠다고 마음을 먹고 있었거든요. 짐가방을 내려놓고 걸음을 재촉해 오름으로 갔는데 신나게 뛰어다닐 줄 알았던 두식이가 입구에서 우뚝 멈춰 섰어요. 육지보다 울창한 삼나무 숲이 무서웠던지 겁에 질려서 한 발짝도 앞으로 내딛지를 못했어요. 옆에서 자분자분 설명을 해주었더니 조심스럽게 발을 떼어 앞으로 가더라고요. 그렇게 한 걸음씩 내디딘 제주의 생활이 10년이 지났네요.

삶의 터전을 옮기려면 많은 준비가 필요했을 텐데, 이곳에 와서 가장 먼저 하신 일은 무엇인가요?
가족이 살 집을 고치는 것이 우선이었어요. 저희 집은 굉장히 오랜 시간 동안 폐가로 방치되었던, 시골 동네에서도 골목 가장 깊숙한 곳에 위치한 집입니다. 들어가는 길이 길어서 동네 사람들은 '긴 올레긴길'라고 부르기도 했고요. 우사로 쓰던 돌창고가 있고, 시멘트 골조의 안거리안채와 밖거리바깥채가 있는 전형적인 제주의 옛날 집이었습니다. 집을 고치며 가장 중요하게 생각한 부분은 동네의 시골집들과 이질감이 들지 않도록 하는 것이었어요. 낡은 돌창고를 집의 거실 공간으로 선택하고 내벽에 남은 현무암의 질감을 살리며 집을 고쳤습니다. 시간은 곱절이 더 걸렸지만 저희가 원하는 대로 완성되었어요. 자연스럽게 동네에 섞이는 집이 완성된 거죠.
집을 고칠 당시에는 두식이 한 마리만 반려하고 있었습니다. 때문에 집안과 마당의 중간지대인 테라스를 제 작업실로 만들었어요. 두식이와 함께 그 곳에서 많은 시간을 보낼 생각이었습니다. 저는 마당을 내다보며 그림을 그리거나 책을 읽고, 강아지는 작업실에 같이 있다가 자유롭게 마당에 나가 볕도 쪼이고… 뭐 그런 원대한 꿈을 꾸었죠. 마당엔 잔디를 깔고 나무도 가득 심었습니다. 지금은 그 나무그늘 아래 네 마리의 개들이 누워 있습니다. 공들여 지은 테라스 작업실도 개들에게 내어준 지 한참 되었고요. 인생은 참 알 수 없습니다.

작가님의 집을 점령한, 새로운 가족들을 소개해 주실래요?
'다정'이는 우리가 제일 처음 만난 가족입니다. 다정이의 나이와 저희 가족이 제주에 살게 된 햇수가 같다고 생각하면 편리합니다. 다정이는 저희 가족이 이 동네에 이주한 첫해에 태어났거든요. 앞 집 개가 낳은 열두 마리의 강아지 중 한 마리였어요. 처음엔 앞 집에 세 들어 있던 식당에서 키우겠다고 했지만 며칠 만에 파양을 선언했고, 강아지를 다시 돌려보낼 수가 없어서 저희가 임시 보호하기로 했습니다. 그 길로 저희 집에 눌러앉게 되었고요(웃음). 이름처럼 모두에게 다정하긴 하지만, 두식이에게는 한없이 다정한 강아지입니다.
'덕천'이는 체구가 작은 제주도 누렁이입니다. 덕천리라는 이웃 마을에 살던 강아지였죠. 덕천에 살던 이웃집 할아버지의 아들이 키우던 강아지였는데, 아들 네에 놀러 간 할아버지 손에 이끌려 이 동네까지 오게 됐습니다. 덕천이는 동네에 도착한 그날부터 이듬해 복날까지 길가에 묶여 지냈어요. 처음 보았을 땐 아기 강아지였는데 이웃집의 남은 음식들을 처리하며 성견이 되어 갔습니다. 뜨거웠던 말복 날, 은행나무에 매여서 죽음을 기다리는 덕천이를 3만 원에 데려왔어요. 덕천이는 자기주장이 강합니다. 불편과 불만을 거침없이 소리로 표현하는 스타일이죠. 조금 말이 많긴 하지만 웃는 얼굴이 무척 귀여운 강아지입니다.
'미요'는 올해로 여덟 살이 된 무뚝뚝한 치즈 고양이입니다. 옆집 돌창고에서 쥐를 잡기 위해 묶어 놓고 기르던 아기 고양이였어요. 창고에 있던 미요가 그 앞을 지나가던 저를 부르면서 인연이 시작되었어요. '미요'라는 이름도 저를 부르던 "냐-옹-"소리가 "미-요-"로 들려서 붙인 이름입니다. 미요는 성묘가 채 되기도 전에 임신을 했습니다. 그 당시에도 돌창고 안에서 묶여 지내던 상태였고요. 잠시 줄이 풀린 새에 저희 집 뒷마당의 창고에서 새끼를 낳았고, 어쩔 수 없이 아기 고양이들과 미요를 저희 집으로 들이게 되었습니다. 방이 두 개뿐인 집이지만 방 하나를 흔쾌히 고양이 가족에게 내주기도 했죠. 삼 개월 동안의 공동육아를 마치고, 아기들은 모두 평생 가족을 찾아 갔어요. 미요는 아직까지 이 집에 남아 저희와 평생 가족이 되었습니다.

'슬기'는 제주에서 흔히 볼 수 있는 강아지예요. 뾰족한 귀에 하얀 털이 귀여운, 전형적인 제주 강아지죠. 다른 녀석들과 마찬가지로 슬기도 일련의 사건을 계기로 가족이 되었습니다. 슬기는 어느 날 갑자기 동네에 나타났습니다. 그렇게 한참 동네를 떠돌다 보호소로 이동하게 되었고요. 당시 개가 이미 세 마리인 상태였기 때문에 한 마리를 더 데려온다는 건 쉬운 결정은 아니었습니다. 우연히 슬기의 안락사 일정을 듣게 되었고, 도저히 외면할 수 없어서 우선 집으로 데려오기로 했습니다. 그런데 보호소에서 생활했던 슬기에게 전염병이 있다는 사실을 알게 되었어요. 저희 집에 머무는 동안 병을 치료해 주었고 그러다 보니 입양 시기를 놓쳐서 평생 함께하기로 했습니다. 그렇게 가족이 된 슬기는 올여름 다섯 살이 되었습니다. 에너지가 넘치는 나이라 그런지 집 마당을 가장 많이 뛰어다니는 강아지이기도 합니다.

세 아이들 모두 동네 믹스견이었군요. 아이들의 과거와 비슷한, 집이 없는 거리의 개들을 볼 때마다 생각이 깊어지실 것 같아요.
시골 동네엔 숲의 나무만큼이나 믹스견이 많습니다. 하나가 없어지면 또 비슷한 생김새의 새로운 강아지가 나타납니다. 종이 위에 연필로 썼다가 지우고, 다시 또 글자를 쓰듯이 끊임없이 하얀 개와 노란 개가 등장합니다. 마음이 아프지요. 그렇지만 분명 보호자가 있을 거라고 일단 마음을 다잡습니다. 내가 보기엔 남루해 보여도 어쩌면 꽤 사랑을 받고 사는 개일 지도 모른다고 생각합니다. 사실 그랬던 경우도 있었거든요. 제가 보는 게 다가 아닐 거라고 길 위의 개나 고양이들을 볼 때마다 생각합니다. 마음이 아프고 보기에 불편한 것은 사실이지만 덥석 손을 내밀 수도 없고 그렇다고 모른 척도 할 수도 없는 것이 현실입니다. 모든 것을 다 감수하지 못하면서 동정하는 마음을 우선하지는 않으려고 합니다. 동물을 사랑하는 마음으로 사람을 미워하게 될까 늘 조심하기도 하고요. 저는 이미 제 식구가 많은 처지여서 나의 개 고양이들을 잘 돌보고 손이 닿는 거리의 동물들에게 조금 마음을 나누어 주는 정도의 선에서 성실하게 하루하루를 살아가려고 합니다.

아이들과 하루하루를 잘 보내는 것만으로도 많은 생명들에게 큰 위안이 될 거예요.
그러길 바라는 마음으로 일상을 보내고 있어요. 제 위치에서 나의 가족들을 잘 보살피는 방법으로 마음을 전하고 있습니다. 다섯 마리의 반려동물과 함께하는 일상은 정말 분주해요. 특히 아침과 저녁 시간엔 더욱 바빠집니다. 강아지들과 산책을 하고 밥을 먹이고 이것저것 챙겨줍니다. 그 후에 제 볼일을 보러 욕실로 들어가요. 그곳에는 고양이가 마련해 놓은 맛동산과 감자가 저를 기다리고 있어요. 쪼그려 앉아 감자의 상태를 체크하고 있으면 미요가 어느새 다가와 "어때, 나 멋있지?" 하고 그 앞에 앉습니다.

하루를 일찍 시작해서 늦게까지 가득 채워 살아야 하는 점이 가장 큰 차이점이라고 생각합니다. 반려동물은 좁은 공간에 묶어 두고 그저 밥과 물만 주면 되는 존재가 아니잖아요. 그 다섯 동물들에게도 자기만의 세상이 분명히 존재합니다. 모두 귀가 두 개고, 꼬리가 하나고, 다리가 네 개고, 보들보들한 털옷을 입는다는 공통점이 있지만 그 안에 세상은 모두 다릅니다. 개와 고양이도 취향이 있다는 것. 좋아하는 것과 싫어하는 것이 모두 다르다는 것, 그것은 너무나 놀라운 일이에요.

다섯 아이들은 자신들의 하루를 나누며 하나가 되어 가네요.
사람들도 한 집에 오래 살면 서로 비슷해지는 것처럼, 개들도 오랜 기간 함께 하다 보면 서로 닮아가는 걸 느낄 수 있어요. 특히 개는 학습능력이 뛰어나서 상대가 하는 행동을 그대로 보고 많은 것들을 배우기도 하고. 다정이는 이렇다 할 교육을 받은 적이 한 번도 없지만, 두식이 하는 것들을 어깨너머로 배워서 제법 흉내를 낼 줄 알죠.
두식이는 귀가 축 처져 있고 다정이는 귀가 쫑긋 서 있는 모습이지만요. 10년이라는 시간을 함께해와서 그런지 둘은 눈빛, 표정, 자세까지 닮아가고 있습니다. 또 둘은 서로를 무척 사랑하고 아낍니다. 한 부모에서 나고 자란 형제도 아닌데 어떻게 돈독한 관계가 된 건지는 저도 모르겠습니다(웃음). 나이가 들수록, 특히 두식이가 늙어 병치레가 많아질수록 둘의 관계는 더 돈독해졌답니다. 다정이의 사랑이 너무 숭고해서 어떤 때는 숙연해질 정도입니다.
제일 마지막으로 가족이 된 슬기는 한방을 쓰는 덕천이와 내내 티격태격하다가 이젠 둘이 한 팀이 되어 꼬리를 찰랑거리며 산책을 합니다. 가끔 '내가 이 집을 제패하고 싶어'라고 생각하는 듯한 표정을 들키긴 하지만요. 그 속에서 고양이 미요는 개들과 다른 세상에 사는 듯 같은 세상에 사는 듯 잘 공생하고 있어요. 특히 두식이와는 소리 없이 치열한 경쟁을 나누는 관계가 되었네요.

작가님의 이야기를 들으니 아이들과 작가님이 살고 있는 집 안에 들어와 있는 것만 같아요. 푸근한 정취, 소박한 마음, 평화로운 미소까지. 모든 것들이 생생하게 느껴지네요.
집이란 우주를 건너는 작은 조각배 같아요. 한 공간에서 부대끼며 같이 앞으로 나아가는 거죠. 배는 미끄러지듯 유연하게 나아가기도 하고, 예기치 않은 풍랑을 만나기도 하고, 거친 항해 끝에 작은 구멍이 나서 조각을 덧대어야 할 일도 생기고요. 또 항해하다가 누군가가 먼저 내릴 수도 있고, 중간에 올라타서 그 항해에 동참할 수도 있죠. 그렇지만 한배에 탄 생명체들은 모든 우여곡절을 함께 헤쳐 나갑니다. 그게 사람이든 개나 고양이든 그건 별로 중요하지

않은 것 같아요. 함께 노를 저어 같은 시간을 지난다는 것이 가장 중요한 사실이 아닐까 싶어요. 서로 사랑하는 존재들이 각자의 세상을 존중하며 비로소 가족이 되는 곳, 그게 바로 집이라 생각합니다.

일곱 식구가 살고 있는 집, 그 따스한 공간은 모든 것이 하나가 되는 곳이군요.
믹스(Mix)라는 단어는 말은 부정적 의미와 긍정적 의미를 모두 포함하는 단어라고 생각합니다. 믹스견을 뜻하는 단어 중 가장 대중적인 표현은 '똥개잖아요. 한없이 볼품없는 말이죠. 하지만 그 단어도 때로는 애정을 가득 담은 유쾌한 언어가 되기도 해요.
저는 '품종견' 한 마리와 믹스견 세 마리 그리고 믹스묘 한 마리 총 다섯 마리의 반려동물과 한 집에 삽니다. 품종견들은 그 종만이 가질 수 있는 아름다움이 있어요. 그렇지만 시간이 지나면 그 종만의 취약점이 반드시 나타납니다. 하지만 믹스견들은 달라요. 조금은 투박할 수 있지만 저마다의 세계가 아주 깊고 단단해요. 연약한 두식이를 돌봐주다가 고개를 돌려 두식이 뒤에 병풍처럼 굳건하게 서 있는 똥개 세 마리를 봅니다. 미소가 절로 나오죠. 작고 모난 돌멩이처럼 귀엽고, 저마다의 매력도 다르고요. 그만큼 자신의 의견도 제각각이에요. 각자 다른 세계가 한 집에서 살아간다는 건 대체적으로 혼란스럽지만 그 혼돈 속에 빠져보는 것도 꽤 재밌습니다. 이렇게 아웅다웅하는 것도, 깊고 넓은 우주를 함께 유영하고 있다·생각하면 아무것도 아닌 일이 될 지도요.

우리가 제일 잘하는 일

WHAT WE DO SO WELL

글 유하림 | **그림** 박조은

단상 위에 올라간 누렁이는 자신을 쳐다보는 아기 강아지들을 향해 말했다.

"내일이면 세상에 나가게 될 거야. 물론 그렇게 결정한다면 말이지."

옹기종기 모여있는 강아지들은 호기심에 가득 차 있었다.
곧 태어날 아이들의 모습은 모두 달랐다.
하얀 얼굴에 까만 점이 박힌 아이도, 축 늘어진 귀만 노랗게 물든 아이도 있었다.

특정한 종(種)이 없는 강아지들에겐 세상에 태어나기 전 삶을 선택할 기회가 주어졌다.

신이 아이들을 위해 베푼 아량이었다.

사람들이 주인인 지구에선 많은 강아지들이 고된 삶을 살아야 했다.

특정한 종에 속하지 않는다는 이유로 태어나자마자 보호소에 들어가거나,

함께 살 가족을 만나지 못하는 일이 많았다.

그걸 잘 아는 누렁이는 곧 태어날 아이들에게 견생 가이드가 되어주었다.

자신의 이야기를 들으면 도움이 되지 않을까 싶어 자처한 일이었다.

누렁이는 비교적 긴 생을 살아왔기에 만나본 사람도, 강아지도 많았다.

단상을 바라보는 강아지들은 앞으로 펼쳐질 삶에 대해 아무것도 모르는 눈치였다.

누렁이는 아이들의 눈을 하나하나 지긋이 마주하며 자신의 탄생을 떠올렸다.

어느 시골길, 인적이 드문 도로 한편에서 누렁이는 태어났다.

누렁이의 엄마는 동네를 떠돌아다니던 개였다.

사람과 지내본 적도 밥을 얻어먹어 본 적도 없었다.

엄마가 아이를 남겨두고 음식을 찾으러 간 사이,

누군가의 손에 들려 잔디가 듬성듬성 자라 있는 앞마당에 놓였다.

누렁이에겐 나무로 된 작은 집이 하나 주어졌고, 그곳에서 꽤 오랜 시간을 보냈다.

보이는 풍경은 이따금 차가 지나는 좁은 길과 멀리 보이는 산, 한 번도 들어가 본 적 없는 사람들의 커다란 집이 전부였다.

누렁이는 혀를 내밀어 코를 촉촉하게 적시곤 강아지들에게 말을 꺼냈다.

"너희들은 어떻게 자랄지 알 수 없단다. 그 누구도 말이야."

누렁이의 말을 들은 강아지들이 서로의 얼굴을 쳐다보며 고개를 갸웃거렸다.
이곳에 있는 아이들은 누렁이처럼 커다래질 수도, 작게 자랄 수도 있었다.
사람들은 강아지를 종으로 나누곤 했다.
털이 덜 날리는 종, 사람들의 말을 잘 알아듣는 종, 자라면서 몸집이 커지지 않는 종…
종으로 나눌 수 없는 강아지들은 '잡종'이 되었다.
누렁이는 아이들에 짐짓 단호한 목소리로 말했다.

"어렸을 때와 달리 몸집이 많이 커지거나, 털의 색이 바뀔지도 몰라.
그리고 그건 버림받는 이유가 되기도 해."

강아지들의 눈망울에 차츰 어둠이 번졌다. 꼬리는 다리 사이로 말려들어 갔고, 파르르 귀를 떠는 아이도 있었다.
누렁이는 잠시 고민했다. 자신의 이야기를 듣게 되면 두려움은 점점 커질 거였다.

누렁이가 시골집 앞마당에 목줄이 채워진 채로 묶여 있을 때, 가끔 찾아오는 떠돌이 개 한 마리가 있었다.

자신과 비슷한 체구였다. 이름도, 집도 없던 그 개는 종종 사람들에게 발길질을 당했다.

강아지로선 영문을 알 수 없었다. 고민 끝에 말을 마친 누렁이는 강아지들이 겁에 질린 모습을 보았다.

하지만 말해야만 했다. 이 모든 건 자신이 겪은 일이었다.

그렇다면 아이들도 같은 일을 겪게 될 가능성이 높았다.

누렁이는 앞마당에서 구출되었다. 오랜 시간 혼자 남겨져 밥그릇에 개미가 들끓던 때였다.

웅덩이에 고여 있는 빗물을 핥아먹고 있는데 한 사람이 다가왔다.

누렁이는 자기도 모르게 꼬리를 흔들었다.

그 사람이 목덜미에 손을 갖다 대 부드럽게 쓰다듬을 땐 살포시 눈이 감겼다.

그렇게 보호소에 들어갔다. 누렁이의 말을 들은 강아지들은 낑낑, 소리를 냈다.

어떤 아이는 분홍빛이 감돌던 코의 색깔이 점점 붉어졌다.

누렁이는 앞발을 쭉 내밀어 기지개를 한 번 켜고 자세를 고쳐 앉았다.

"우리는 기다릴 뿐이었어. 가족이 찾아오거나, 죽음이 찾아오기를."

보호소에서의 시간은 여전히 깜깜했다. 제때 밥을 먹을 수는 있어도 철창 안에 갇혀 하염없이 누군갈 기다려야 했다.

사람이 다가오는 소리가 들리면 철창을 부술 듯 반갑게 달려드는 강아지도 있었지만,

구석으로 도망쳐 숨어버리는 강아지도 있었다. 정해진 시간 내에 가족을 만나지 못하면 삶은 그곳에서 끝이었다.

사람들은 몸집이 큰 개를 좋아하지 않았다.

누렁이는 정말 운이 좋았다.

몸집은 컸어도 사람을 무서워하진 않았기에 가족을 만날 수 있었다.

어린아이가 있던 집이었다.

누렁이가 생을 다 했을 땐 누렁이보다도 훌쩍 커버렸지만,

기억을 떠올리자 코끝에 그 아이의 향기가 맴도는 것만 같았다.

그러자 마음속에 묻어두었던 장면들이 선명해졌다.

처음으로 산책을 나가서 보았던 넓고 푸르른 세상, 침대맡에 놓여있던 뼈다귀 간식의 짭짤한 맛,

그 아이가 끌어안을 때 가슴팍에서 나던 고소한 살냄새…

학교에 다녀온 아이는 현관에 들어서자마자 누렁이에게 두 팔을 벌렸다.

그러면 누렁이는 품에 안겨 턱 끝을 핥아댔다. 고개를 치켜든 아이의 턱에선 달큰한 맛이 났다.

혀에서 그 맛이 감도는 느낌이었다. 누렁이는 입 안에서 혀를 굴려보았다.

그러니 왈칵, 가족들이 보고 싶어졌다.

그리움이 세차게 밀려와 마음이 일렁거렸다.

마음은 거대한 바다처럼 수많은 파도를 일으켰다.

추억에 잠겨 있는 누렁이를 보며 누군가 왕, 하고 짖었다.
이제 이야기를 마칠 시간이었다.
마지막 말을 고르고 골랐다.

**"우리가 어떻게 자랄지 모르는 것처럼, 어떻게 살게 될지도 알 수 없어.
그렇지만 태어나도 좋은 이유가 있다면…"**

누렁이의 말을 귀담아듣는 어린 강아지들을 보니 목에 슬픔이 툭 걸려버린 느낌이었다.
킁킁, 코에 힘을 줘 감정을 뱉어내고 말을 이었다.

**"가족을 만나 사랑을 나누는 건 불행을 다시 겪더라도 괜찮을 만큼 가슴 벅찬 일이거든.
그 시간이 아무리 찰나일지라도 말이야."**

제각기 다른 얼굴을 한 아이들의 짧은 꼬리가 양옆으로 살랑살랑 흔들렸다.
강아지들이 제일 잘하는 건 사랑을 하는 일이었다.
버림받고, 상처받아도 사랑할 만한 것이 생기면 무엇이든 사랑해버리는 게 강아지였다.
누렁이는 누구보다 잘 알고 있었다.

아기 강아지들의 눈망울은 다시 생기를 찾았다.
동그랗고 맑은 눈을 깜박이며 누렁이를 바라보았다.
태어나기 전부터 사랑으로 가득 찬 강아지들은 어떤 선택을 하게 될까, 누렁이는 잠시 골똘해졌다.

'남김없이 사랑하고, 사랑받기를.'

마지막으로 한마디를 더 하고 싶었지만 참았다.
막 태어날 아이들의 견생은 누구도 알 수 없기에 그저 강아지들의 안녕을 바랄 뿐이었다.

탄생을 물들이는 색깔

WHAT'S YOUR COLOR?

뭉게뭉게 구름이 피어나는 엄마 강아지의 뱃속에서

천사들이 곧 세상에 태어날 강아지들을 만들고 있어요.

흰둥이, 바둑이, 누렁이, 검둥이.

이 세상의 모든 강아지는 천사의 손을 거쳐 탄생합니다.

강아지의 엄마와 아빠를 유심히 관찰해 색과 무늬를 정해요.

물론, 우리는 눈치챌 수 없는 옅은 색과 무늬까지도 천사들의 눈에 꼼꼼하게 담아내지요.

관찰을 끝낸 천사들은 색연필을 집어 듭니다.

나뭇잎이 춤을 추고, 새들이 노래를 불러주면 채색을 시작해요.

과연, 강아지들은 어떤 색과 무늬로 물들게 될까요?

*유전학(Genetics 생물학의 한 분야로 부모로부터 자식에게 어떻게 형질이 전달되는지에 관심을 갖는 학문)을 바탕으로 멜로우가 재미있는 상상
을 펼쳐봤어요. 아기 강아지들이 태어나기 전, 뱃속에서 털의 색깔이 정해지는 과정을 알기 쉽게 설명해드릴게요.

글 유하림 | **그림** 박조은

천사들은 황색 색연필과 흑색 색연필로 강아지들의 몸을 칠해요.

스케치를 하는 것이기 때문에 다른 색은 필요 없답니다.

황색으로 몸을 칠하고 입과 코에 검은색을 칠해주면 '**누렁이**',

털과 얼굴 모두 검은색으로만 칠하면 '**올블랙(All Black)**'이 돼요.

색을 번갈아 사용하면 입, 목 주변, 다리, 앞가슴 등 '**탄포인트(Tan Point)**'만 황색이 되기도 하죠.

가끔은 털 한 가닥에 황색과 검은색이 섞여 있는 울프 그레이도 만들어요.

이 털은 '**아구티(Agouti)**'라고 불러요.

그럴 땐 색연필 두 개를 한 손에 잡고 빼곡하게 색칠한답니다.

이미 우리가 알고 있는 강아지의 모습으로 태어날 준비가 끝난 거지요.

스케치를 끝낸 천사들은 강아지들의 모습을 찬찬히 살펴보아요.

황색의 강아지들에겐 흑색의 색연필로 무늬를 그려줄 때도 있어요.

몸 전체를 뒤덮은 촘촘한 줄무늬를 그리기도 하고, 입 주변과 앞가슴, 다리에만 그리기도 해요.

오히려 황색이 줄무늬처럼 보이도록 검은색을 과감하게 칠할 수도 있어요.

밑바탕이 칠해진 강아지들에게 새로운 색깔을 입혀줄 차례가 됐어요.

흑색으로 칠해진 아이들 중 몇몇을 골라 황색을 덧칠하기도 해요.

피부부터 얼굴까지 모두 꼼꼼하게 칠하지요.

그러면 강아지들은 **부드러운 밀크 초콜릿**의 색으로 변한답니다.

몸에 있는 모든 흑색은 연한 갈색으로 바뀌어요.

흑색과 황색으로 물든 강아지들을 목욕탕으로 데려가기도 해요.

색이 완전히 물들기 전에 연하게 만드는 과정이랍니다.

흑색의 강아지는 청회색으로, 황색의 강아지는 밝은 회갈색으로 다시 태어나요.

피부와 코, 입술의 색도 변하지요.

얼핏 비슷해 보여도 조금 더 진한 쪽이 '**블루(Blue)**', 연한 쪽이 '**이사벨라(Isabella)**'라고 해요.

자 이제, 아이들에게 조금씩 변화를 줄 차례예요.

입 주변에 까만 마스크를 씌울 때도 있고, 꼬리에만 살짝 씌우기도 해요.

이외에도 가슴, 발끝을 까맣게 칠하기도 하지요.

경계가 지지 않게 손가락으로 살살 펼쳐주며 아이들의 무늬를 자연스럽게 만들어줍니다.

이렇게 마스크를 선물 받은 강아지들을 '**익스트림 마스크(Extreme Mask)**'라고 한답니다.

간혹 마스크 쓰는 걸 싫어하는 아이들도 있어요. 그럴 땐 황색의 색연필로 다시 덧칠하죠

흑색이 조금이라도 보이지 않게 최선을 다해 색칠합니다.

얼추 강아지들이 완성이 되었지만,

이 중에 자신의 색깔이나 무늬를 바꾸고 싶은 아이가 있는지 확인해야 해요.

흰색 털을 가지고 싶은 아이들이 있다면 천사들이 마법을 부려야 하죠.

목욕탕으로 데려가기엔 시간이 얼마 남지 않았거든요.

천사들이 만든 작은 터널을 지나면 강아지들은 흰 털을 가지게 돼요.

이 아이들을 '**알비노(Albino)**'라고 불러요.

전체적으로 색이 빠졌기 때문에 푸른 색의 눈을 가지게 되고, 분홍색의 코와 입술로 변한답니다.

어느덧 마지막 단계에 이르렀어요.

여기서 천사들은 숨겨놓았던 하얀색 붓을 꺼내요.

황색, 흑색, 회색, 초코색, 블루, 이사벨라 아이들 중 몇몇을 골라 **흰색 무늬**를 그려줘요.

흰 양말을 신은 강아지도, 얼굴에 흰색 무늬가 그려진 강아지도 생겼죠.

어디선가 가져온 눈을 솔솔 뿌리는 천사도 있답니다.

흠뻑 눈을 맞아서 그런지 몸 이곳저곳에 하얀 점이 생겼어요.

정말 멋지지 않나요?

천사들은 조금 더 색다른 무늬가 없을지 고민합니다.

그러다 '멀(Merle)'이라고 부르는 신비한 모양을 생각해내요.

흑색과 회색의 불규칙한 무늬를 그려 넣지요.

신이 난 나머지 구름 위에 몸을 비비며 놀다, 몇 개의 점만 남기고 색깔이 지워진 아이도 있어요.

물론, 천사들은 장난스러운 강아지들의 모습까지도 사랑한답니다.

이제 강아지들은 세상으로 나갈 준비를 마쳤어요.

아이들은 여러 과정을 거쳐 털과 무늬를 가지게 되지요.

그 순서를 다시 한번 살펴볼까요?

먼저 **황색**과 **흑색**의 색연필로 아이들의 색을 **스케치**해줍니다.

채색이 더 필요한 강아지들을 모아 흑색으로 다시 덧칠하거나 **무늬**를 만들어줘요.

황색으로 진하게 덧칠하는 아이도, 연하게 덧칠하는 아이도 있지요.

천사들은 몇몇을 **목욕탕**으로 데려가 색을 씻어내요.

이 과정에선 색이 남아있도록 적당히 씻기죠.

하얀 털을 가지고 싶은 강아지들을 위해선 특별히 마법을 부리기도 해요.

그렇게 마지막 단계에 들어서면 아이들에게 무늬를 만들어준답니다.

숨겨놓았던 **흰색 색연필**을 꺼내어 몸 이곳저곳을 칠해요.

천사들의 기발한 아이디어로 흑색과 회색의 **불규칙한 무늬**가 생겨났어요.

긴긴 과정을 끝마친 아이들은 거울 앞에 서서 자신의 모습을 이리저리 살펴봅니다.

확인을 끝낸 강아지들이 구름 위에 모여 앞으로 펼쳐질 아름다운 삶을 기다리고 있어요.

각기 다른 모습으로 태어날 아이들의 설레는 표정이 하늘 아래, 우리에게 전해집니다.

*유전학은 굉장히 복잡하고, 아직까지도 밝혀지지 않은 내용이 많은 학문이에요. 본 글은 재미로 읽어주세요!

HEY MELLOW! SEARCH FOR 'SIGOR J'ABSON'

Hey **mellow!** '시고르자브종' 검색해 줘

'시고르자브종'을 검색합니다. 검색 엔진 속 여러 문서들은 이렇게 답합니다. 시골집을 방문하면 환히 인사해 주던 백구, 옆집 사는 깜장 입 누렁이, 가끔 지나가다 보이는 바둑이까지. 서로 다른 모습이지만 시고르자브종이라는 별명 아래서 같은 이야기를 나눈다고요. 가지각색의 매력에 푹 빠진 당신, 이제 당신 곁의 믹스견과 눈을 맞추어 보세요. 까만 콩 같은 두 눈은 어떤 비밀을 담고 있는지 그들의 이야기를 멜로우가 전해 드릴게요.

글·사진 이경은 @illy_onna | 에디터 최진영 | 자료제공 (주)셀바이오디엑스

ILLY'S INTERVIEW

멜로우 검색 엔진에 딱 걸리셨네요.
시고르자브종 '일리'를 소개해 주세요.

안녕하세요! 우리 일리는 100% 한국 시고르자브종이에요. 이제 갓 두 살이 된 일리는 '강아지계의 차은우'라는 별명이 있을 만큼 잘생긴 외모를 가졌어요. 외모와 잘 어울리는 애교스러운 성격은 덤이고요(웃음). 사람으로 태어났으면 연예인이 되지 않을까 생각할 정도로 끼 많고 발랄한 아이에요. 일리를 한마디로 표현한다면 ENFP랄까요? 강아지 친구들을 정말 좋아해서 산책할 때도 인사할 틈만 노려요. 흙바닥이 보이면 너무 신나서 온몸을 열심히 비비기도 하고요. 목욕시킬 생각에 좌절스럽다가도 해맑게 웃는 얼굴을 보면 사르르 녹아버린답니다.

EXPERT'S NOTE

I am SIGOL JABJONG

'믹스견'이란 두 가지 이상의 종이 섞여 탄생한 강아지들을 칭하는 말입니다. 강아지들의 종을 검사할 땐 DNA 속 유전 정보를 해석한 뒤, 나타난 결과를 분석하여 강아지의 혈통을 추측하고 있습니다. 하지만 다양한 혈통이 적은 퍼센티지를 가지고 산발적으로 나타난다면 강아지의 종을 추측하기 어렵겠죠. 그럴 때 '믹스견'이라 정의 내린답니다. 우리는 이렇게 여러 혈통이 섞인 강아지들을 '시골 잡종'이라고 부릅니다. 이 귀여운 별명이 어찌나 유명한지, 해외에서도 한국의 믹스견을 'Sigol jabjong'이라 표기해 두는 문서를 종종 확인할 수 있습니다.

첫 만남 스토리가 궁금해지는데요.
어디서 이런 복덩이가 굴러왔을까요?

일리와 가족이 될 수 있었던 건 모두 저희 엄마 덕분이에요. 엄마가 아니었다면 일리를 만나보지도 못했을걸요? 어느 날 엄마 지인분의 집 앞에 못 보던 강아지들이 나타났다고 해요. 평화롭고 조용한 시골마을에 뜬금없이 시고르자브종 형제들이 나타난 거예요. 지인분은 아이들을 모두 반려하기 힘드니 입양보낼 곳을 찾고 있었어요. 그 소식을 들은 엄마께서 강아지 중 한 마리를 입양하고 싶다 하시더라고요. 처음엔 반대했어요. 그렇지만 아이들의 얼굴이라도 보러 가자는 제안까지 거부할 수는 없었죠. 간곡한 부탁에 강아지의 얼굴만 보러 갔는데요. 정신을 차리고 보니 셋이 되어 집으로 돌아왔더라고요(웃음). 지금 생각해 보면 엄마께 얼마나 감사한지…! 그렇게 일리는 평생 가족이 되었습니다.

The Advantage Of Mixed Dogs

믹스견들은 다양한 장점을 가지고 있습니다. 그중 유전학적으로 가장 의미 있는 장점은 건강하다는 거예요. 다양한 형질의 유전자가 섞여 탄생되기 때문에 더욱 건강한 유전자를 가지게 되는 거죠. 순종 강아지의 경우 외적인 특성을 부각시키기 위해 근친 간 교배를 진행하게 되는데요. 그런 방식으로 아이가 탄생하게 된다면, 건강하지 못한 유전자들이 발현될 확률이 높아지게 됩니다. 믹스견들을 세상에 단 하나밖에 없는 하이브리드 강아지라 칭해도 좋겠네요.

일리는 유독 닮은 꼴이 많은 강아지기도 해요.

일리와 함께 외출을 하면 혹시 사모예드냐고 물어보는 질문을 자주 들었어요. 일리가 태어난 시골에 사모예드가 있었을 거 같진 않은데, 제가 봐도 닮아 보이더라고요. 구름 같이 하얀 털, 뭉툭 동글한 입, 쫑긋 솟은 귀, 풍성한 꼬리까지 모두 다 비슷했어요. 특히나 아기 때는 더 닮아 보이기도 했고요. 어릴 적 일리는 지금보다 더 복슬거리는 털을 가지고 있었어요. 함께 보내는 첫 겨울에는 털이 어찌나 많이 나던지…. 산책을 하면 지나가는 분들이 "강아지가 살을 좀 빼야겠다"고 이야기하기도 했죠. 털이 풍성하다 보니 산책을 할 때 뒤뚱뒤뚱 걷는 것처럼 보였거든요(웃음). 대신 사모예드만큼 크진 않으니 혹시 스피츠가 섞인 걸까, 귀가 뾰족하니 진도 아닐까 즐거운 상상을 하기도 했답니다.

그러던 중 남편을 통해 '유전자 검사 키트'가 있다는 걸 알게 되었어요. 처음엔 의심스럽기도 하고, 가격도 생각보다 비싸서 고민을 했어요. 그런데 해외에서는 굉장히 흔하게 진행하는 검사라 하더라고요. 검사 결과도 신뢰할 만하고요. 또 아이의 나이가 어릴수록 흥미로운 결과지를 받아볼 수 있대요. 어떤 모습으로 성장할지 어느 정도 예측할 수 있기 때문이죠. 미리 유전병을 예측해 볼 수도 있고요. 강아지들에게는 혈통 별로 유전병이 발병하는 경우가 종종 있잖아요. 유전병의 발병 여부를 알 수 있다는 이야기에 검사를 진행하기로 결정했어요.

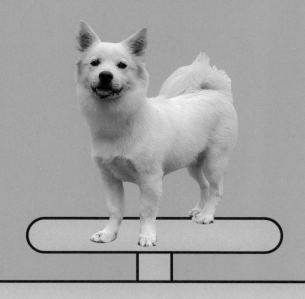

ILLY'S INTERVIEW

검사는 어떻게 진행되나요?
어떤 결과가 나올지 너무 기대됐을 거 같아요.

저희는 'E'사의 검사 키트를 사용했어요. 과정은 생각보다 간단하더라고요. 우선 아이의 입속을 최소 30초간 면봉으로 문질러요. 그리고 동봉된 플라스틱 통에 담은 뒤 잘 흔들어 주기만 하면 된답니다. 그렇게만 하면 저희는 모든 준비를 끝낸 거예요. 설레는 가슴을 진정시키며 결과지를 기다렸어요. 결과를 기다리는 3주가 마치 세 달처럼 길게 느껴지더라고요. 사모예드 믹스일지 아니면 예상대로 시고르자브종일지 상상해 보는 재미가 있었죠(웃음).

결과는 100% 한국 시고르자브종이었어요! 다른 결과나 나오려나 두근거리기도 했었는데, 역시나 결과는 예상한 대로였어요. 검사지를 열었더니 'Sigol Jabjong'이라고 쓰여있더라고요. 외국에서 온 답변에 '시골 잡종'이라고 써져 있는 게 우스워서 깔깔대고 웃었던 게 기억에 남아요. 이 소식을 운영 중인 SNS에도 공유했는데요. 많은 분들이 일리의 이야기를 듣고 웃음 지으시더라고요. 역시 그럴 줄 알았다, DNA 마저 귀엽다, 일리가 한국 강아지인 게 자랑스럽다 등등! 댓글들을 보고 있으니 100% 믹스견 일리가 다시 한번 자랑스러워졌죠.

유전자 검사 키트 덕분에
한국을 대표하는 시고르자브종으로
등극할 수 있게 되었네요.

또, 일리가 숨겨두었던 비밀 한 가지를 알게 되기도 했고요. 일리는 정말로 사모예드와 DNA를 공유하고 있었어요! 아이의 DNA 길이가 사모예드의 DNA와 6% 일치한다는 결과를 받았거든요. 6% 때문에 사모예드와 비슷한 외모를 가지게 된 것도 신기하고, 어떻게 유사한 유전자를 가지게 되었을까 궁금하기도 해요. 일리는 평소에 스피츠 계열 강아지를 닮았다는 이야기를 자주 듣는데요. 그들의 DNA 구조와 비슷하다고 해서 어찌나 놀랐는지 몰라요.

사모예드의 특성이 내재되어 있다는 걸 알고 난 뒤로는 최대한 쾌적하고 시원한 환경에서 생활할 수 있도록 돕고 있어요. 한 겨울에도 베란다에서 나오지 않는 모습을 보고 왜 그럴까 싶었는데, 일리를 더 잘 이해할 수 있게 되었죠. 그리고 일리는 물을 정말 싫어하는데요. 그것도 사모예드의 유전자를 일부 가지고 있어서 그런 거 같더라고요. 추운 지방에서 살았던 개라서 물을 싫어한대요. 물이 닿으면 동상에 걸릴 확률이 높아지니까요. 결과를 보고 아이를 잘 보살필 수 있게 되었어요.

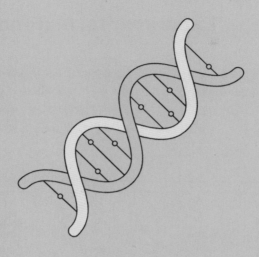

What Is DNA?

유전자 키트 검사란, 반려견의 DNA 속 정보들을 채취해 아이의 유전 정보를 확인하는 검사입니다. 해외에서는 이미 이러한 유전자 키트 검사들이 상용화되어 있습니다. 우리 나라에서 키트 검사가 일반화되지 못한 이유는 소비자들이 키트의 존재를 알지 못하기 때문이라 볼 수 있습니다. 일리 같은 아이들이 더 많이 키트 검사를 진행해 많은 사람들 에게 알려진다면 앞으로 우리나라에서도 필수적인 절차가 될 수 있겠죠?

DNA를 쉽게 이야기한다면 보물이 숨겨져 있는 곳을 담고 있는 비밀 지도라고 할 수 있 을 것 같네요. 그 속에 들어있는 내용을 잘 해석해 보면 반려견의 털의 길이, 체형과 체구, 예상 수명 등을 예측해 볼 수 있거든요. 믹스견은 성장할수록 외모가 달라집니다. 그 때 문에 아이가 어떻게 자라날지 예상하기 어렵고 대비하기 힘들다는 단점이 있는 건 사실 이에요. 유전자 검사 키트를 이용하면 믹스견의 성장 과정을 예측해 볼 수 있습니다. 덕 분에 각종 용품들을 준비할 수도 있고, 아이의 특성에 맞는 교육을 진행할 수도 있죠.

또, 유전적 질환을 미리 확인하고 대비할 수 있다는 큰 장점도 있어요. 슬개골 탈구소형견에 게 발병하는 대표적인 유전 질환으로, 슬개골의 위치가 변형되는 질병의 가능성을 미리 확인하고 적절한 근육 운동을 진행해 줄 수 있고요. 고관절 이형성증대형견에게 발병하는 대표적인 유전 질환으로, 고관절의 형태 가 비정상적이거나 발달하지 못하는 질병의 확률이 높은 아이들은 체중 관리에 힘을 쏟을 수도 있죠. 이러한 사전 관리는 반려견의 행복한 견생을 위한 필수 수단입니다.

Experimental Method

DNA 속의 정보를 이용해서 강아지의 혈통을 분석하는데요. 그러기 위해선 세포 안에 있는 유전 정보를 추출해야 합니다. 간편하게 입속에 있는 구강 상피 세포구강, 즉 입 안쪽 부분을 덮고 있는 얇은 표면에 존재하는 세포를 채취해 검사를 진행하죠. 강아지의 구강 상피 세포 샘플이 실험실에 도착하면 다음과 같은 과정들을 거쳐 결과를 도출한답니다.

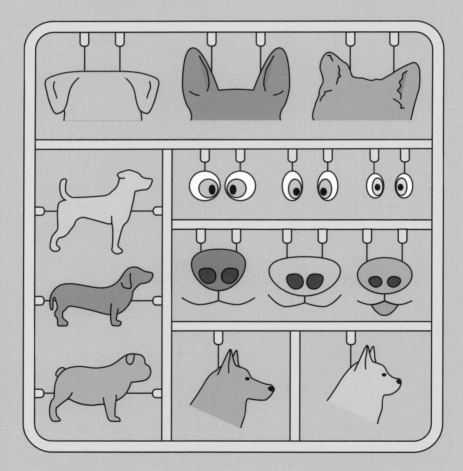

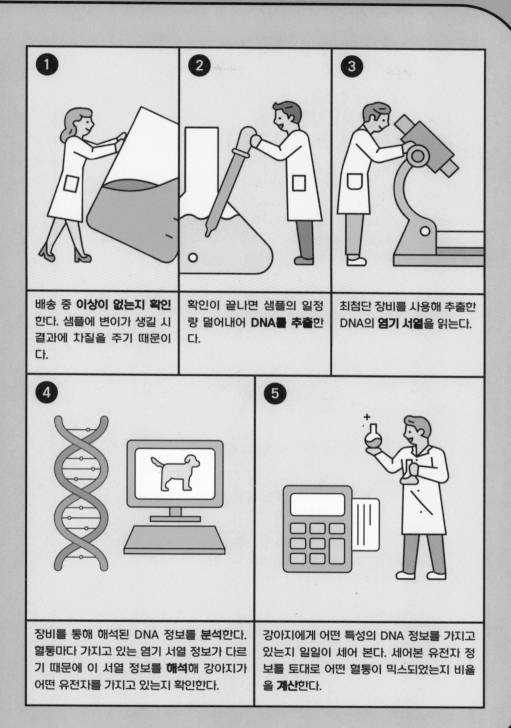

① 배송 중 **이상이 없는지 확인**한다. 샘플에 변이가 생길 시 결과에 차질을 주기 때문이다.

② 확인이 끝나면 샘플의 일정량 덜어내어 **DNA를 추출**한다.

③ 최첨단 장비를 사용해 추출한 DNA의 **염기 서열**을 읽는다.

④ 장비를 통해 해석된 DNA 정보를 분석한다. 혈통마다 가지고 있는 염기 서열 정보가 다르기 때문에 이 서열 정보를 **해석**해 강아지가 어떤 유전자를 가지고 있는지 확인한다.

⑤ 강아지에게 어떤 특성의 DNA 정보를 가지고 있는지 일일이 세어 본다. 세어본 유전자 정보를 토대로 어떤 혈통이 믹스되었는지 비율을 **계산**한다.

재미있는 결과도 있더라고요.
야생성 지수가 상당히 높게 나타났던데,
일리의 평소 모습과는 조금 다른 결과 같아요.

항목 중 야생성 점수를 나타내는 지표가 있어요. 보통 평균적으로 1%의 야생성을 가지고 있고, 야생성이 강할 시 2-4%까지 나타난다 하더라고요. 일리의 점수는 2%로 야생성이 높은 편에 속했죠. 그런데 일리는 하울링을 하거나 야생적인 성향이 높은 편은 아니거든요. 혹시 아이가 더 성장하면 하울링을 할까 싶었는데요. 아직까지도 그 모습은 보지 못했네요. 언젠가 일리가 멋지게 노래 부르는 모습을 보고 싶어요(웃음).
그리고 근친 교배 계수_{반려견의 선조가 어느 계수로 근친교배 되었는지 나타내는 계수}가 0%인 것도 신기했어요. 아마 자연적인 생식 활동을 통해 탄생한 강아지라서 그런 것 같아요. 혈통이 확실한 강아지들은 DNA에 대한 정보가 풍부해서 더 다양한 내용을 알 수도 있었을 텐데, 일리는 특별한 유전자를 가지고 있어서 많은 내용을 받아볼 수 없었던 점은 조금 아쉽네요.

Mystery Of DNA

생물의 모든 유전자가 항상 발현되어 특징을 나타내는 것은 아닙니다. 같은 유전자 구조를 가지고 있다 하더라도, 나이나 환경에 따라 특징이 나타났다 나타나지 않았다 할 수 있어요. 마치 스위치처럼요. 때문에 해당 유전자가 있다는 결과를 받았더라도 실생활에서 그 특징이 나타나지 않기도 합니다. 어떤 경우에는 전혀 발현되지 않았던 특징이 그 후대에 가서 나타나기도 하고요.
믹스견들은 각기 다른 DNA 구조를 가지고 있기 때문에 근친 혈통 강아지들에 비해 대답 드릴 수 있는 부분이 한정적인 건 사실입니다. 하지만 이것 때문에 '순종견'이 더 우수하다는 것은 아닙니다. 그저 순종견이라 칭해지는 아이들의 유전자 데이터를 더 오래, 더 많이 수집해 왔기 때문에 내용이 많을 뿐이죠. 아직까지도 과학이 밝혀야 할 미스터리는 많습니다.

키트를 통해 아이를 더 잘 이해할 수 있게 되었네요. 알고 있는 모습도, 몰랐던 모습도 다시 한번 바라보게 되고요.

키트 검사 결과 유전병이 없다고 하더라고요. 기분이 정말 좋았어요. 그런데 한편으로는 걱정도 생겼죠. 나중에 일리가 혹시라도 아프게 된다면, 모두 제 탓인 걸 수도 있잖아요. 그래서 더 최선을 다해 보살피고 있어요.

믹스견들은 어떻게 성장할지 모른다고 입양을 주저하시는 분들이 많아요. 그런데 세상 일이 내 맘대로 돌아가지 않듯이, 아이를 반려하는 데 있어서도 내 맘대로 되는 건 없어요. 생각보다 덩치가 커질 수도, 털이 길어질 수도 있죠. 그래도 그건 '어쩔 수 없는 일'일 뿐이에요. 어떤 강아지를 반려하든지 예상과 다른 일은 매일 벌어질 거예요. 그러니 편견 없이 믹스견들을 맞이해 보시는 건 어떨까요? 혹시나 미래의 아이의 모습이 조금이라도 궁금하다면, 유전자 검사 키트를 진행하면 되니까요(웃음). 항상 마음의 여유를 가지고 아이의 모든 순간을 함께할 자세가 준비된다면 누구나 행복한 반려인이 될 수 있을 것이라 생각합니다.

1X1=LOVE

DNA 검사에는 많은 장점이 있지만 반려견을 이해할 수 있다는 게 가장 큰 장점입니다. 이 검사를 진행한 반려인 분들이 가장 많이 이야기하는 장점도 그것이고요. 평소 이해하기 어려웠던 반려견의 행동을 이해할 수 있게 되는 것, 내 아이를 더욱 깊게 생각해 보는 것. 그게 이 검사의 존재 의의 아닐까요? 반려견 유전자 분석 키트를 개발한 이유는 강아지들의 행복을 위해서입니다. 부모로부터 물려받은 특성을 이해하고, 발병 가능한 유전적 질환을 미리 대비하며 행복한 견생을 보내길 바라는 마음이 이 키트를 만든 거죠. 유전자 검사 키트는 단순 혈통 확인을 뛰어넘는 큰 값어치를 가지고 있습니다. 이 검사를 통해 반려견의 DNA 구조를 확인해 볼 수 있으며 그를 토대로 예상 성장 사이즈, 발병 가능한 질병 등의 세세한 정보까지 알 수 있기 때문입니다. 하지만 무엇보다 중요한 것은 키트 검사 외부에 존재합니다. 반려인은 키트 검사로 확인하게 된 반려견의 예측 체중에 맞춰 하네스를 준비하고, 발병 가능한 유전병을 미리 대비하죠. 키트의 결과가 반려인의 가슴에 닿아 행동을 이룰 때, 그 어느 과학적 산물보다 값진 사랑이 여러분을 감쌀 것입니다.

세상의 눈에 보이지 않는 개들이 있다. 구분되지 않고, 검색되지 않는 믹스견들이다. 조회수 0의 설움을 가진 그들이 가족을 이뤄 서울 한복판 망원동 신축 건물에 입주했다. 이름하여 '믹스 패밀리(Mix Family)'. 사랑스러운 얼굴로 꼬리를 흔들며 사람들에게 다가간다. 마치 한번도 차별받지 않은 것처럼.

포인핸드 이환희 대표, 주민경 디자이너 @pawinhand_official | 에디터 박조은 | 사진 김시윤

세상이 너희를 보지 못하더라도

공간에 믹스견들의 사진이 가득하네요. 문을 열고 들어오자마자 믹스견 '상추'가 반겨주고요. 제대로 찾아온 것 같습니다.

이환희 대표 : 잘 오셨습니다(웃음). 상추는 저희 직원이 입양한 유기견 출신 강아지예요. 여기는 '포인핸드 입양문화센터'고요. 조금 더 많은 사람들이 유기견 입양을 친숙하게 느꼈으면 하는 마음에 망원동 한 가운데 만들었어요. 앞으로 이곳에서 할 일이 참 많아요.

주민경 디자이너 : 이곳 입양문화센터 뿐만 아니라 매일 업로드하는 SNS 콘텐츠에서도, 발행하는 매거진에도 믹스견 친구들을 우선적으로 전시하고 있답니다. 우리가 보여주는 이미지와 메시지가 사람들에게 어떻게 받아들여질까? 좋은 영향을 줄 수 있을까? 많이 고민하고 있거든요.

아이들을 위해 힘써 주셔서 항상 감사해요. 이렇게 커다란 희망을 만들고 있는 포인핸드는 어떻게 시작되었나요?

이환희 대표 : 저는 2013년에 가평군에서 공중 방역 수의사*수의사의 자격이 있는 사람이 가축방역 업무 등에 3년 간 종사하게 한 후 사회복무요원의 복무를 마친 것으로 보는 제도로 일했어요. 동물보호 업무도 맡게 되어서 유기 동물보호소를 관리하게 됐죠. 생각보다 너무 많은 동물들이 그곳에 있었고, 얼마 지나지 않아 안락사 되는 상황이 계속 반복되고 있었어요. 수의사 생활을 했지만 안락사 되는 모습을 그렇게 가까이서 본 경험은 처음이었어요. 그때 '정말 끔찍한 문제구나' 제대로 느꼈어요. 이런 상황에 처한 동물들을 위해서 내가 할 수 있는 일이 무엇일까, 이 아이들을 살릴 수 있는 방법이 뭐가 있을까 고민했죠. 여기 이렇게 많은 아이들이 살아가고 있다는 걸 사람들에게 널리 알려야겠다는 생각이 들었어요. 대학교 때부터 취미로 어플리케이션을 개발했었거든요. 그 기술을 활용해서 앱을 만들었어요. 그렇게 포인핸드가 시작됐습니다.

당시에는 세상에 아이들의 존재를 알리는 것이 가장 중요한 문제였군요.

이환희 대표 : 그렇죠. 벌써 10년 전의 일이네요. 입양 문의가 단 한 건도 없던 시절이었어요. 보호소로 걸려오는 전화의 99%는 '길거리에 있는 동물들을 처리하라'는 내용이었죠. 한 번은 길에 있는 개가 자기를 기분 나쁘게 쳐다봤대요. 그러니까 빨리 와서 데려가라는 거예요. 그런 전화도 오고… 자기가 키우는 반려견을 데려가라고 전화하는 분도 있었어요. "그건 불법이다" 라고 말씀드려도 "내가 지금 이 개를 버리면 유기견 아니에요?" 라며 뻔뻔하게 답변하셨죠. 포인핸드를 꾸준히 운영하면서 유기 동물의 현실이 조금씩 알려지기 시작했고, 사용자가 많아지는 만큼 입양 문의도 많아졌어요.

입양되는 유기견 친구들 중에 믹스견의 비율은 얼마나 되나요?

이환희 대표 : 사실 지금도 '품종'이 있는 친구들에 대한 수요가 높아요. 아직도 "거기 푸들 있어요? 비숑 있어요? 포메 있어요?" 이런 문의를 많이 받죠. 많은 사람들이 아직도 반려동물을 입양할 때, 어떤 존재 자체를 가족으로 들인다는 생각보다는 특정 품종을 키우고 싶다는 생각을 먼저 갖는 것 같아요. 그러다 보니 유기 동물을 입양하는 데 있어서도 품종만 보고 데려오는 경우가 꽤 많아요.

품종이 있는 동물을 선호하는 문화는 도대체 왜 생겨난 걸까요?

이환희 대표 : 그게 참 복잡하고 어려운 문젠데… 일단 아직까지 펫숍이 반려동물을 입양하는 보편적인 루트로 여겨지고 있어요. 그런데 펫숍에서는 품종 동물만 분양을 해요. 수요가 많으니까요. 그들 입장에서는 상품성이 있는 아이들만 판매를 하는 거죠. 펫숍에서 반려동물을 입양하려는 사람들 입장에서는 또 그 선택지 안에서만 선택할 수밖에 없는 거죠. 이런 악순환이 이뤄지고 있어요.

믹스견들 중에서도 더욱 가족을 만나기 어려운 친구들이 존재해요. 덩치가 크거나 나이가 많거나… 혹은 조금 더 세상의 편견이 짙은 진도, 삽살, 도사 믹스 같은 친구들이요.

이환희 대표 : 포인핸드에는 사람들이 많이 이용하는 정보가 데이터로 기록되는데요. 정말 놀랍게도 방금 말씀하신 친구들은 대부분 조회수가 '0'이에요. 시스템에 문제가 있는 게 아닐까 걱정될 정도로 아무도 안 봐요. 사람들이 검색을 할 때 1차적으로 특정 품종을 검색하기도 하고요. 믹스견들 중에서도 어린 친구들 위주로 조회수가 높아요. 믹스 친구들은 품종이 없다 보니까 특정되지 않고, 그러다 보니 입양 대상 리스트에 오르지 못해요.

MIX FAMILY

이토록 사랑스러운 걸요

이런 열악한 상황을 알리기 위해서 포인핸드의 마스코트를 '믹스 패밀리'로 정한 건가요?

주민경 디자이너 : 맞아요. 유기 동물들 중에 제일 입양이 안 되는 친구들 다섯 종을 고른 거예요. 모두 성견, 성묘인 친구들로 선정했어요. 나이가 많을수록 가족을 만날 확률은 더 낮아지니까요. 구체적인 특정 모델이 있는 건 아니고요. 포인핸드에서 일하면서 많이 접한 사연을 캐릭터 배경에 담았어요. 현실을 전달하되, 아이들의 개성과 사랑스러움을 담아 너무 우울하고 불쌍하게 보이지 않도록 노력했어요. 현실을 전달하는 것도 중요하지만 믹스 친구들의 매력을 또 한번 느끼고 이 아이들과도 행복한 가족이 될 수 있구나를 느끼는 게 더 중요하다고 생각해요.

귀 부분만 갈색인 발발이는 박스에 담겨 버려졌지만 먹는 걸 엄청나게 좋아하는 먹보예요. 베이지색 털복숭이 삽살이는 보호자인 할아버지가 아프셔서 보호소로 오게 된 아이예요. 보호자가 갑자기 돌아가시거나, 돌볼 수 없는 건강 상태가 되어 구조되는 케이스도 꽤 많더라고요. 아픈 사연을 가지고 있지만 긴 털을 목욕하고 빗질하는 시간을 사랑하는 깔끔쟁이랍니다.

매력이 충분히 전달되고 있는 것 같아요. 캐릭터가 너무 귀엽거든요(웃음). 믹스 패밀리 캐릭터로 만들어진 'Adopt me' 봉제 인형도 인기가 많더라고요.

주민경 디자이너 : 믹스 패밀리 캐릭터가 조금 더 대중적으로 다가갔으면 하는 마음에 다양한 굿즈로 활용하고 있어요. 많은 분들이 관심을 가져 주시고 있는데, 유기 동물 문제에 대한 사회의 관심이 많아졌다는 반증이라고 생각해요. 아, 한번은 저희가 SNS에서 '믹스 패밀리 닮은 꼴 콘테스트'를 열었었거든요. 캐릭터와 닮은 반려동물의 사진을 업로드하는 이벤트였어요. 그때 참여율이 정말 높았어요. 진짜 닮은 경우도 있었지만, 닮았다고 우기시는 경우도 있어서 재밌었어요(웃음). 믹스 패밀리 굿즈에 대한 리뷰를 읽다 보면, 상품에 대한 이야기만 있는 게 아니라 실제로 살아가고 있는 동물들의 이야기가 많아요. 우리가 캐릭터를 만들고 굿즈를 만든 게 사람들에게 생각할 수 있는 기회를 제공하고 있는 것 같아 기쁩니다.

'#믹스견은사랑입니다' 라는 해시태그가 대중적으로 쓰일 만큼 믹스견에 대한 편견이 바뀌어 가고 있어요. 포인핸드의 노력 덕이겠죠. 이렇게 바뀌어 가는 모습을 보면 어떤 느낌이신가요?

이환희 대표 : 포인핸드를 만든 지 벌써 10년이 넘었는데요. 10년 전과 지금은 정말 하늘과 땅처럼 달라요. 요즘에는 산책을 나가보면 믹스견 친구들이 정말 많이 보여요. 충분히 사랑받으며 살아가고 있죠. 이런 변화가 또 다른 변화를 만들어 나간다고 믿기 때문에 앞으로 10년 뒤에는 더 좋은 세상이 만들어질 거라고 생각합니다.

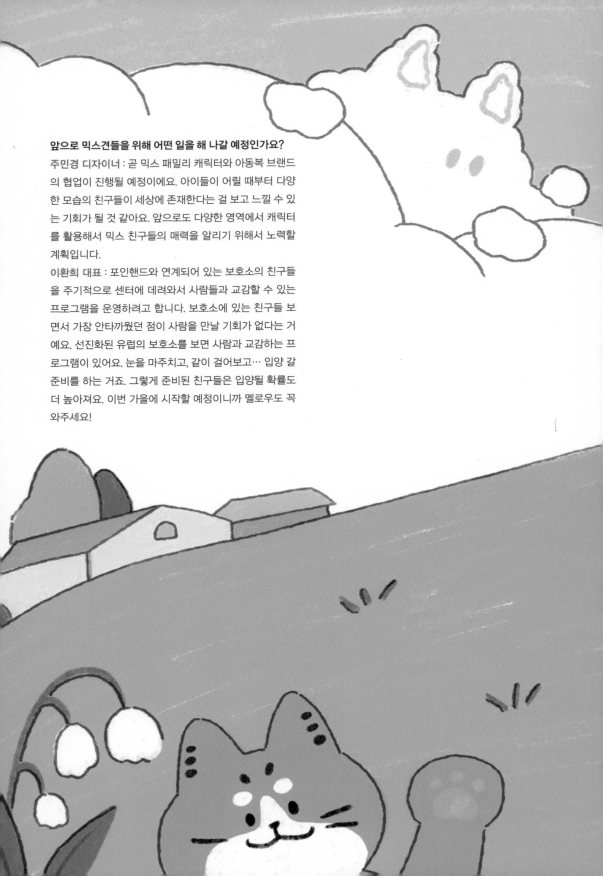

앞으로 믹스견들을 위해 어떤 일을 해 나갈 예정인가요?

주민경 디자이너 : 곧 믹스 패밀리 캐릭터와 아동복 브랜드의 협업이 진행될 예정이에요. 아이들이 어릴 때부터 다양한 모습의 친구들이 세상에 존재한다는 걸 보고 느낄 수 있는 기회가 될 것 같아요. 앞으로도 다양한 영역에서 캐릭터를 활용해서 믹스 친구들의 매력을 알리기 위해서 노력할 계획입니다.

이환희 대표 : 포인핸드와 연계되어 있는 보호소의 친구들을 주기적으로 센터에 데려와서 사람들과 교감할 수 있는 프로그램을 운영하려고 합니다. 보호소에 있는 친구들 보면서 가장 안타까웠던 점이 사람을 만날 기회가 없다는 거예요. 선진화된 유럽의 보호소를 보면 사람과 교감하는 프로그램이 있어요. 눈을 마주치고, 같이 걸어보고… 입양 갈 준비를 하는 거죠. 그렇게 준비된 친구들은 입양될 확률도 더 높아져요. 이번 가을에 시작할 예정이니까 멜로우도 꼭 와주세요!

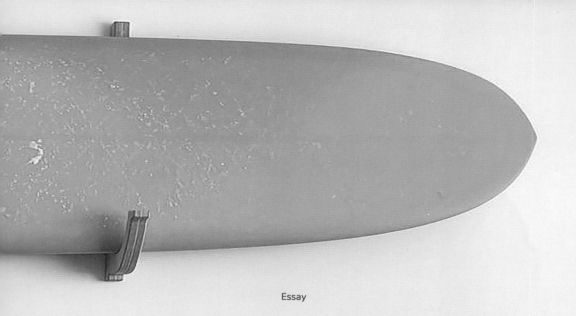

Essay

모두 함께 달릴 수 있을까?

모든 이야기는 루키로부터 시작된다. 2007년부터 2018년까지, 나의 십일 년을 빼곡히 채운 루키를 별나라로 보낸 후 꽤나 오랜 시간 앓았다. 다신 개와 함께 하지 않으리라 다짐하길 몇 번. 펫로스의 한 가운데서 이름 모를 개들의 사진을 보며 이런 생각이 스쳤다. 새로운 가족을 맞이해야겠다고.

글·사진 이기우 @the_dog_teddy21 | 에디터 최진영

세상에 나쁜 개는 없으니까

루키에게 받은 사랑을 나누고 싶어서, 루키에게 받기만 했던 나의 과거를 속죄하고 싶어서 가장 도움이 필요한 개에게 손을 내밀었다. 이름은 테디, 갈색의 믹스견은 그렇게 내 품에 안겼다. 호기롭게 도움을 주리라 마음먹었지만 시작은 쉽지 않았다. 큰 몸집에 긴 다리, 쫑긋한 귀와 친근한 인상. 타인의 눈에 비친 테디는 프레임 속 '믹스견' 그 자체였다.

믹스견과 함께하니 모르고 지냈던 차가운 시선이 하나씩 눈에 들어왔다. 카페도, 펜션도, 운동장도 갈색의 큰 개를 환영해 주는 곳은 없었다. 특히나 아내와 테디 둘만 외출할 때는 시선들이 더욱 노골적으로 변했다. 건장한 남성인 나에게는 당도하지 못했던 말들이 눈더미처럼 불어나 여성 반려인에게 꽂혔다. 그 옆의 강아지는 그저 죄인일 뿐이었다.

약한 존재들을 위해, 모두 다 함께 평범한 일상을 누리기 위해 나와 테디가 가장 잘할 수 있는 것들을 해보기로 했다. 사람들의 마음을 여는 일. 그렇게 테디를 필두로 '시고르 종친회'를 개최했다. 테디와 비슷한 외모와 사연을 가진 믹스견들을 모아 행복한 모습을 보여주는 것만으로도 사람들의 가슴 한구석을 두드릴 수 있을 것이라 생각했다. 흔히 '품종견'이라 불리는 아이들은 대부분 그들만의 커뮤니티를 가지고 있는데 우린 왜 안될까 싶기도 했다. 그렇게 모인 시고르 종친회에서 많은 것들을 배웠다. 믹스견들은 다른 곳에서도 비슷한 차별을 경험한다는 것 그리고 그것을 나누면서 더욱 강해진다는 것.

중·대형 믹스견들에게 무리하게 입마개를 강요하는 것도, 따가운 눈초리를 던지는 것도 용인되어서는 안되는 일이지만 그래도 우리는 자신의 모습을 먼저 가다듬었다. 더 높은 잣대를 요구하는 사회에 단 하나의 트집도 잡히지 않기 위해서 모든 보호자들은 리드줄을 꽉 부여잡고 있었다.

조금씩 나아지고 있다곤 하지만 아직도 허무맹랑한 이야기들이 믹스견을 괴롭힌다. 사납다, 교육이 안된다 하는 낭설은 물론이고, 산을 헤집고 다니는 야생성 강한 모습들이 매체에 비친다. 그런 말들이 들릴 때면 테디의 모습이 떠오른다. 한때 거친 산기슭을 헤매던 이 개는 나에게로 와 반려가 되었으니. 편견의 말을 내뱉는 이들에게 되려 묻고 싶다. 당신에게 '반려'란 대체 무엇이냐고.

결국에는 인식의 차이다. 테디와 떠난 미국여행은 나에게 인식의 중요성을 가르쳤다. 앉아 있는 테디에게 조심스레 말을 걸던 사람들, 어딜 가도 반겨주던 미소, 함께 달리던 강아지들까지. 지금 당장 인식이 변하기는 힘들겠지만 우리도 언젠가는 바람직한 반려문화가 정착될 수 있을 것이라 믿는다. 최근 네 가구 중 한 가구가 반려동물과 함께한다는 통계를 보았다. 그만큼 반려견은 삶 깊숙이 들어와 있다. 그렇다면 그만큼 우리의 인식도 발전해야 하지 않을까. 이제는 우리나라도 선진 반려문화를 받아들여야 한다. 반려견을 '개'가 아닌 인간과 함께하는 '가족'으로 생각한다면 조금 더 빨리 변화할 수 있지 않을까? 우리는 이 자리에서 하나밖에 없는 가족과 행복한 시간을 보내기만 하면 된다. 그 모습을 보여주는 것만으로도 사람들은 조금씩 변화할 것이다.

테디와의 일상을 공유하는 내게 사람들은 이런 말들을 한다. "테디는 참 똑똑하고 예뻐요." "정말 대단한 강아지예요." 하지만 테디도 많은 믹스견 중 하나일 뿐, 테디와 같은 믹스견은 이 세상에 수도 없이 많을 것이다. 나의 반려견이 특별해 보이는 이유는, 가족이란 걸 마음속 깊이 깨닫고 그 진심을 가감 없이 보여주기 때문이다.

어느 방송 프로그램의 제목처럼 이 세상에 나쁜 개는 없다. 단지 나쁜 인식만 존재할 뿐이다. 나와 테디는 그 단순하고도 명료한 사실을 전하기 위해 오늘도 우리의 일상을 전한다. 나부터 편견 없이, 테디부터 친절하게. 그러다 보면 언젠간 이 세상 모든 강아지들이 너른 들판을 다 함께 뛰어놀 수 있겠지.

THE INCIDENT OF YOU INTERTWINED WITH US

우리에게 얽힌 너라는 사건

당근이를 만나게 된 건 계획되지 않은 일이었다. 우연히 유기견 보호소 사진을 보고 알 수 없는 이끌림에 강아지들을 보러 갔을 때 아이가 눈에 들어왔다. 당근이는 '진트리버'라고 불리는 믹스견이었다. 진도와 리트리버가 섞인 강아지라 몸은 진돗개 같고, 얼굴은 리트리버를 닮아 눈길을 끌었다. 더군다나 당근이와 비슷한 아이들은 단지 크다는 이유만으로 국내 입양이 잘되지 않는다고 했다. 그 말에 마음이 움직였다.

글·사진 남지현 @lovely.carrot | 에디터 유하림

여태껏 보호소가 세상의 전부였을 아이에게 멋진 하늘을 보여주고 싶었다. 그렇지만 집에 온 강아지는 생각보다 사람을 많이 무서워하고 겁에 질려 있었다. 십 분 거리를 가는 데 한 시간이 걸리기도 했다. 돌이켜보면 그렇게 겁이 많던 당근이가 나에게 먼저 다가와준 것이 무척 신기하다. 내가 엄마가 될 걸 미리 알고 있었을까.

이토록 당근이가 내 삶과 단단하게 엮이게 될 줄은 몰랐다. 처음 아이와 함께 살게 되었을 때만 해도 털 알레르기 때문에 분리 수면을 해야 했다. 그런데 곤히 자는 모습이 무척 사랑스러워 곁에서 잠들고 싶다는 마음이 생겼다. 침대에 같이 누워 부드러운 머리를 쓰다듬고, 촉촉한 콧방울을 만지며 잠들고 싶었다. 전에는 상상하지 못한 일이지만 이제

는 너무도 당연하게 아이와 한 침대에서 잠을 잔다.

당근이는 내 삶은 물론, 생각도 바꿔놓았다. 보호소에서 온 강아지기에 교육으로 성격이 달라지긴 어려울 거라고 생각했는데 그건 편견이었다. 새로운 집이 익숙해진 당근이는 늠름하고, 사랑스러웠다. 하지만 그런 아이에게 상처가 되는 말을 하는 사람을 만난 적도 많다. 한번은 이런 일이 있었다. 함께 엘리베이터를 탄 사람이 아이를 빤히 쳐다보며 "이렇게 큰 개가 엘리베이터 타도 괜찮아요?" 하고 물어왔다. 그러면서 짐승 같은 개를 어떻게 아파트에서 키우느냐고 덧붙였다. 처음 이런 말을 들었을 땐 무척 당황스럽고 속상했다. 당근이가 사람의 말을 완전히 이해할 수 없는 게

다행이었다. 비슷한 일은 생각보다 자주 일어났고, 겉모습만 보고 편견을 가지는 사람들이 정말 많다는 걸 알게 됐다. 그럴 때마다 우리나라에서 대형견 입양률이 낮은 이유를 몸소 실감했다.

당근이를 만나본 주변 사람들은 인식이 많이 바뀌었다. 유기견에 대한 편견이 사라졌다는 말도 들었고, 지인 중엔 보호소 입양을 결심하는 사람도 생겼다. 그중에서도 가장 달라진 건 나의 삶이지만. 아이가 내 삶에 섞여들고 난 후로는 하루를 보내는 방법이 완전히 바뀌었다. 아침에 일어나면 가장 먼저 아이에게 밥을 주고, 털을 치운다. 퇴근 후엔 세 시간 남짓의 산책을 한다. 온종일 서서 일하는 직업을 가지고 있기에 매일 두세 시간씩 걷는다는 게 힘들기도 했다. 하지만 당근이 덕분에 운동하게 됐다는 마음으로, 아이에게 멋진 세상을 보여주겠다는 마음으로 걸으면 저절로 힘이 난다. 게다가 당근이와 산책을 다니며 새로운 이름이 생겼다. '당근이 엄마'. 동네를 산책하다 보면 많은 강아지를 만나게 된다. 믹스견 보호자들과 상처받은 경험을 공유하면서 친해지게 됐고, 그분들이 나를 당근이 엄마라고 부른다.

당근이는 이제 한 마리의 개가 아니라, 나의 가족이다. 넓은 들판만 보면 아이가 뛰어놀기 좋겠다는 생각부터 든다. 멋진 곳에 데리고 갔을 때 아이가 좋아하는 모습을 보면 내가 더 즐겁다. 언제나 좋은 곳을 찾아 행복한 시간을 선물하고 싶다. 그런 마음으로 요즘엔 당근이와 캠핑을 하러 다니는데 아이가 정말 즐거워한다. 이렇게 자주 행복하지만, 아파트에 살기 때문에 가끔은 당근이가 아쉬워하는 순간이 있다. 길게 산책을 하고 들어와서도 집에 들어오면 장난감을 물고 놀아달라고 한다. 그럴 때면 공을 던져줄 공간이 있으면 좋겠다는 마음이 든다. 언젠가는 마당이 있는 집에서 밤늦게까지 공놀이를 하고 싶다. 산책을 끝마치고 돌아와서, 당근이가 집에 들어가자고 조를 때까지 당근이와 오래도록 공을 던지고 놀고 싶다. 내 삶에 우연히 들어왔지만 이젠 나와 완전히 섞여버린 나의 강아지 당근. 내 삶을 송두리째 바꿔 놓은 거대한 사건은 바로 당근이다.

흔적을 남기며 하나가 될 때

THE MOMENT
WE BECOME ONE

호랑이와 함께하기 이전엔 매일 따스한 털과 말랑한 발바닥을 바라며 살았죠. 반려동물과 함께하고 싶었지만 여러 이유로 선뜻 나서긴 어려웠거든요. 아쉬운 마음에 할 일이 없을 땐 '포인핸드' 앱을 통해 아이들을 찾아보았습니다. 그러다 깨닫게 된 사실이 있어요. '품종견'이거나 모색이 하얗고 어린 강아지들은 금방 입양이 되는데, 믹스견이거나 성견인 아이들은 입양이 되지 않는다는 사실이죠. 앱 안에 있는 국화꽃 표시가 안락사를 뜻한다는 것도 그때 알게 되었고요. 언젠가 강아지를 반려하게 된다면 꼭 사지 않고 입양을 해야겠다고 다짐한 것도 이때였어요.

글·사진 임이라 @horangvely_ | 에디터 최진영

그러던 어느 날, 남편이 저에게 사진 한 장을 보여줬어요. 잘생기고 독특한 외모가 매력적이라면서. 잘 보면 호랑이 같기도 하고 또 고양이처럼 여러 모색이 섞여 있는 유니크한 매력의 강아지가 사진 속에 있더라고요. 아이는 전남 광양에서 구조된 '호동이'라는 강아지였죠. 형제와 함께 구조되었지만 한 아이는 보호소에서 먼저 무지개다리를 건넜고, 호동이는 안락사 전 날에 임시보호자분을 만나게 되어 극적으로 살아남게 되었대요. 호동이를 처음 만나던 날은 봄비가 내리던 날이었어요. 서울에서 광양까지 가는 내내 비가 너무 많이 와서 걱정이 많았는데, 하늘도 가족이 된 걸 축하해 주는 건지 아이를 만나니 비가 딱 그치더라고요. 호동이를 보자마자 용감무쌍한 호랑이가 떠올랐어요. 그렇게 호동이는 '호랑이'가 되어 저희의 품으로 오게 되었습니다.

생긴 건 카리스마 넘치게 생겼는데 알고 보면 겁 많은 아기예요. 비행기 소리에도 화들짝 놀라서 후다닥 집으로 달려가는 모습이 정말 웃겨요. 꼭 네 살배기 꼬마 아이 같기도 해요. 신이 날 땐 개구쟁이처럼 이리 저리 뛰어다니다가도, 무서우면 저의 품으로 쪼르르 달려오죠. 그렇지만 용감할 때는 또 얼마나 용감한 지 몰라요. 낯선 사람이 말이라도 걸면, 엄마 아빠를 지키기라도 하겠다는 듯이 용맹하게 짖거든요. 사실 호랑이가 이렇게 경계심을 가지게 된 것엔 사연이 있어요. 아이의 생김새가 특이하다고 무턱대고 다가오는 사람들에게 다가오지 말라고 경고의 의미로 짖기 시작한 것이었는데요. 그분들이 호랑이의 경고에 화들짝 놀라거나, 왜 입마개를 하지 않냐고 화를 내는 것이 다반사라서 아이에게 안 좋은 기억이 되었나 봐요. 그 후로는 낯선 사람이 다가오면 큰 소리로 짖어 저희를 먼저 보호해 줘요.

호랑이와 단둘이 산책을 나가면 많은 이야기를 듣습니다. 그중 절반 이상이 날선 이야기들이에요. 얼마든지 순화할 수 있는 단어들이 많은데 굳이 호랑이를 보며 "잡종 맞죠" 라고 물어와요. 또 가장 많이 듣는 소리가 뭔지 아세요? "입마개"예요. 호랑이는 진도 믹스라 입마개를 하지 않아도 되거든요. 법정 입마개 필수 착용 견인 도사견, 로트와일러, 스태퍼드셔 불테리어, 아메리칸 핏불테리어, 아메리칸 스태퍼드셔 테리어에 해당되지 않아서 입마개 착용이 필수가 아닐뿐더러, 10kg로 대형견에 속하지도 않죠. 잘 알지도 못하면서 입마개를 착용하라고 말하는 사람들을 보면 그저 어이가 없어요. 과연 그들은 호랑이와 비슷한 크기의 '품종견'을 보아도 입마개를 하라고 할까요?

이러한 사연들 때문에 남편은 이번 멜로우의 제안에 회의적인 반응이었어요. 호랑이의 이야기를 전하다 보면 어쩔 수 없이 사람들의 편견과 선입견에 대해 말하게 될 텐데, 아이에 관련한 것만큼은 긍정적이고 행복한 이야기만 전하고 싶다고 하더라고요. 그 마음을 이해하지 못하는 것은 아니지만 저는 남편과 생각이 달랐어요. 호랑이를 통해 많은 사람들이 믹스견에 대해 관심을 가지게 된다면 더 많은 강아지들에게 조금이나마 도움이 될 것이라 생각했어요.

아이와 함께하는 모습을 보여주니 저희 동네도 조금씩 변하기 시작했거든요. 처음에는 무서운 강아지라고 생각하던 동네 주민분들도 이제는 귀여운 강아지라고 친근하게 대해주세요. 호랑이를 보며 공격 태세를 취하는 다른 작은 강아지들을 대신 혼내주시기도 하고요. 아이를 있는 그대로 봐주시는 게 너무 감사하죠. 또 호랑이 덕분에 몰랐던 세상을 만나게 되기도 했습니다. 이전에는 좋은 곳에 놀러 가도 가만히 앉아 주변을 감상하는 편이었는데요. 이제는 아이와 함께 장소를 온몸으로 느껴요. 앞으로도 더 많은 경험을, 행복한 추억을 선물해 주고 싶어요.

우리 셋은 진정한 가족이 되었습니다. 남편 퇴근 시간에 맞
춰 산책을 가면 호랑이는 어떻게 알고 버스 정류장에 앉아
남편을 기다려요. 아빠가 탄 버스를 기다리는 아이의 모습
이 정말 기특해요. 또 호랑이는 동네 친구와 함께 탔던 차를
기억해서 인사를 하고요. 친구와 함께 놀았던 장소, 친한 이
모와 만났던 공간 모두 기억한답니다. 이 모습들을 볼 땐 신
기하면서도 마음이 따스해져요. 저희와 함께 한 모든 추억
들이 호랑이 안에 믹스(Mix) 되어 아이를 지지해 주고 있구
나 싶거든요. 뛰어다니는 호랑이의 모습을 보며 이런 이야
기를 한 적이 있어요. "호랑이는 지금 우리랑 함께하는 게
행복할까?" 남편이 이렇게 대답하더라고요. "우리도 호랑
이랑 함께 해서 행복한데, 호랑이도 당연히 행복할 거야."

Hello, I'm Jico
I'm Looking For
My Family

지코 ♂ / 2020년생 추정 / 5.3kg / 믹스견

"제 까만 눈과 시선을 맞춰 보세요. 블랙홀처럼 빨려 들어갈 것 같지 않나요? 저와 함께 하신다면 깊은 눈빛처럼 진심 어린 사랑을 듬뿍 드릴게요"

저는 지코의 두 번째 임시보호자입니다. 첫 번째 임보자께서는 보호소에서 처음 아이를 만나셨다고 해요. 당시 지코는 아주 낡은 천으로 만든 목줄을 하고 무덤덤한 표정으로 낯선 이들을 바라보았대요. 아이가 너무 반응이 없어서 후천적 자폐를 의심했을 정도였죠. 알고 보니 어릴 적부터 혼자 외진 곳에 묶여 지냈을 가능성이 있다고 하더라고요. 그런 과거 때문에 내성적인 성향이 더욱 발달해 감정 표현이 서툰 강아지가 된 것 같다고 상상해 볼 뿐이죠.

그렇게 지코는 임시보호처로 오게 되었어요. 즐거운 일상을 이어가던 어느 날, 산책을 하던 중에 갑자기 소낙비가 내려 지코를 안아 올렸는데 "멍!" 하고 소리를 지르더래요. 걱정이 되어 병원에 가보았는데 예상치도 못한 진단을 받게 되었다고 합니다. 바로 '척추 협착증'이었죠. 쉽게 말해 허리 디스크를 앓고 있었던 거예요. 급성 디스크가 아닌 1년 이상 진행된 병이고, 강한 외부 압력으로 인한 것이라는 진단을 받았어요. 추측해 보건대, 구조되기 이전에 어딘가에 묶여 생활할 때 그런 일이 벌어진 것 같아요. 그 이후로 지코는 꾸준히 약물 치료를 진행했어요. 지금은 다행히 많이 좋아져 약을 먹지 않고 있어요. 재발하지 않고, 더 나빠지지 않도록 꾸준히 관리해 주고 있습니다.

약물 치료가 완료된 후 두 번째 임시보호자인 저의 곁으로 오게 되었습니다. 지코는 저와 함께하는 생활이 마음에 드나 봐요. 밥도 잘 먹고, 많으면 하루에 세 번씩 산책도 하는 즐거운 일상을 보내고 있습니다. 산책을 하며 실외에서 배변까지 말끔히 처리한답니다. 몸을 닦아줄 때에도 가만히 저에게 몸을 맡깁니다. 저지레나 입질, 분리불안 등 문제 행동을 보인 적도 없어요. 아, 아직 차가 익숙하지 않아서 차멀미는 조금 하는 편이에요. 하지만 이것도 점차 나아지겠죠?

일반적으로 '강아지'를 떠올리면 발랄하고 활동적인 모습을 상상하곤 하잖아요. 그런데 지코는 조금 특별해요. 항상 차분하고 세심한 아이거든요. 강아지의 몸에 고양이의 영혼이 깃들었다고 할까요(웃음)? 조용하고 느긋한 분위기를 좋아하죠. 집에서도 뛰어다니거나 장난을 치지 않고 편한 자리에 앉아 사색을 즐기는 정적인 강아지랍니다. 마음을 나눌 때에도 지코만의 방법으로 무한한 애정을 전해요. 보호자의 곁에서 묵묵히 맴돌며 깊고 반짝이는 눈으로 바라봐 주죠. 그런데 감정 표현이 크지 않은 지코도 마음을 마구 표현할 때가 있어요. 바로 보호자가 집에 돌아올 때죠. 지코는 제가 집으로 돌아오면 꼬리를 마구 흔들며 환영해 줍니다. 평소 감정 표현이 크지 않은 아이가 자신의 모든 걸 동원해 반갑다는

사지 말고 입양하세요

인사를 전할 때, 세상을 다 가진 것처럼 벅차오르고 행복해져요.
지코는 섬세한 마음을 가진 아이예요. 구조 이전에 어떤 삶을 살았는지
는 알 수 없지만, 그때의 기억이 너무 외롭고 아팠나 봐요. 그래서 소리
나 움직임에 조금 민감하죠. 지코와 이야기를 나눌 때에는 작은 목소리
로 조곤조곤 사랑을 읊조려 주세요. 아이를 세심하게 바라보고 단단한
유대를 쌓을 수 있는 가정을 만났으면 합니다. 겁을 먹거나 불안한 상황
에서도 겉으로 표현을 잘 하지 않는 편이거든요. 어떤 상황에서도 지코
에게 집중할 수 있는 분이라면 아이도 그 사랑을 금방 깨닫고 화답해 줄
거예요. 아직 많은 것들이 두렵고 서툰 지코지만 하루하루 용기를 내어
한 발자국씩 앞으로 나아가고 있어요. 아이의 속도에 맞춰 함께 걸어 줄
수 있는 분이 평생 가족이 되어 주셨으면 좋겠습니다.

글·사진 박수정, 김정하 @jico._.jetaime | **에디터** 최진영

Hello, I'm Bingbong
I'm Looking For
My Family

빙봉 ♂ / 3개월 / 2.7kg / 믹스견

"가슴팍에 흰 우유를 쏟은 것만 같은 하얀 털이 사랑스러운 강아지 빙봉이에요. 얼핏 보면 아기 흑염소와 헷갈릴 만큼 독특한 매력을 가지고 있죠. 저와 가족이 된다면 하루하루가 즐거운 일로 가득할 거에요."

개인 구조를 하는 분들을 보면서 저도 한 생명에게 도움이 되는 일을 하고 싶다는 마음이 들었어요. 퇴사를 앞둔 지금이 적절한 시기인 것 같아 사는 곳 근처에서 지내는 유기견 친구들을 살펴봤어요. 그때 순천보호소에 입소한 강아지 다섯 형제를 보고 단번에 마음을 빼앗겼죠. 한 마리는 이미 별이 되었고, 두 마리는 이미 입양을 갔고, 남은 두 마리 중 입양 문의가 한 건도 없던 빙봉이가 그렇게 우리 집 첫번째 하숙생이 되었어요. '봉희'라는 강아지와 함께 살고 있어, 저희 집을 '봉희네 하숙'이라고 이름 붙였거든요.

맹한 표정, 어리둥절한 눈동자, 삐죽삐죽 까만 털 사이 보이는 하얀 털, 발가락에만 신은 흰 덧신, 귀여운 수제비 귀까지. 내가 아기 흑염소를 데려왔나? 싶은 착각이 들 만큼 매력적인 얼굴을 가지고 있어요. 강아지를 자세히 들여다보니 털의 생김새만 다르고 봉희의 이목구비를 빼닮았더라고요. 외모도 비슷하겠다, '봉'자 돌림을 쓰자 싶어서 디즈니의 영화 〈인사이드 아웃〉의 사랑스러운 캐릭터 빙봉이를 떠올렸어요.

봉희네 하숙에 입소한 지 한 달 차, 완벽하게 적응했는지 점점 아이의 성격이 드러나더라고요. 지금까지 지켜본 빙봉이는 처음 만난 사람을 낯설어하긴 해도 불편하게 느끼진 않아요. 새로운 사람이다 보니 그저 어리둥절한 것 같아요. 그래서인지 사람의 손길을 거부하지 않고, 오히려 머리부터 발끝까지 어딜 만져도 기꺼이 몸을 내어줍니다. 익숙한 사람에겐 꼬리를 열심히 돌리며 반겨주고 좋아해요. 빙봉이가 표현할 수 있는 사랑이 눈에 보이는 순간이죠. 제가 가장 좋아하는 아이의 모습이기도 해요.

아직 아기라서 신난 기분만큼 몸이 따라가지 않아 몸짓이 어색한 순간이 있어요. 그
렇지만 혼자서 공을 튀기며 놀기도 하고, 킁킁 냄새를 맡으며 노즈 워크도 해요. 식사
시간엔 자기 식탁 앞에 앉아서 기다리고, 봉희 누나의 플레이 보우를 따라 흉내 내기
도 한답니다. 봉희가 걸어 다니는 모든 곳을 졸졸 쫓아다니며 강아지 언어도 열심히
배우고 있어요. 이런 모습을 보면 강아지 형, 누나가 있는 집에 동생으로 가도 정말
좋을 것 같아요. 물론, 아직 거절 의사는 잘 모르는지 봉희가 놀다가 지쳐서 화를 내
거나 사람인 제가 "안돼!" 라는 말을 할 땐 말대꾸를 하기도 해요. 그렇지만 엎드려 눈
치를 보다가도 뒤돌아서면 금방 잊어버리더라고요. 눈치는 많이 보는데, 눈치 0단이
랄까요(웃음).
빙봉이는 사회성 교육을 하고 있는 중이에요. 사람과의 건강한 애착 형성을 위해 분
리 수면을 시도하는 중이고, 사람과 발맞춰 걸을 수 있도록 산책 교육도 하고 있어요.
기본적인 성향이 조심스럽고 포용적인 아이인 빙봉이는 임보 엄마의 교육도 잘 따
라준답니다. 뭘 하든 금방 적응하는 아이라 어떤 보호자를 만나도 그분의 라이프 스
타일에 맞춰가며 잘 살아갈 수 있는 강아지예요. 외동으로도, 둘째로도 잘 지낼 빙봉
이가 남은 나날들을 행복하게 보낼 수 있도록 좋은 가족을 찾으면 좋겠어요.

글·사진 임미령 @sisbongxmay | 에디터 유하림

사지 말고 입양하세요

SAY NO

TO DOGMEAT

그만먹개 캠페인 2023

위태로운 세 번의 복날이 지나고 짙은 가을이 도착했다. 그렇지만 뜬장 안에 갇힌 개들은 쓸쓸히 새로운 계절을 맞이해야 한다. 드높은 하늘 아래, 아무리 고개를 꺾어도 보이는 건 까만 철창뿐이다. 작은 생명은 그렇게 영원 같은 하루를 이어가다 삶과 작별할 시간도 없이 외롭게 바스러진다. 이토록 잔인한 관습을 완전히 끊어낼 타이밍은 바로, 지금이다.

많은 사람이 노력한 끝에 지난 6월, 드디어 개 식용 금지 특별법이 발의되었다. 이번 시도는 기존에 나왔던 법안들과는 조항이 달라졌기에 의미가 있다. 동물보호법 개정을 넘어 개 식용 종식을 위한 내용이 중심이 되었다. 식용 목적으로 개를 사육하고 도살하는 것을 아예 금지하자는 것이다. 이 법안을 통과시키기 위해 작년에 이어 〈그만먹개 캠페인 2023〉이 진행됐다. 동물권 행동 카라의 전 대표인 임순례 감독을 필두로 영화인들이 마음을 모아 2022년부터 시작한 프로젝트다. 개 식용에 대한 더딘 논의를 종식으로 이끌고자 만들어졌다.

2023년에는 오랜 꿈에 박차를 가하기 위해 각 분야에서 활발히 활동하던 박성광, 박새연, 조현철, 이송희일, 장민승이 목소리를 냈다. 지난 복날 기간 동안 순차적으로 다섯 개의 작품이 공개되었다. 예술가들은 서로 다른 시선으로 개들의 삶을 조명했지만 단 하나의 메시지를 담아 작품을 완성시켰다. 뜬장 속 개들이 더 이상 고통받지 않기를 바라는 진심이 다섯 영화에 담겨있다. 이들의 작품은 우리의 '복날'에 날카로운 질문을 던졌으며, 개 식용 종식에 가까이 다가서는 하나의 디딤돌이 될 것이다.

멜로우도 뜬장 속 개들을 위해 마음을 보탰다. 멜로우 매거진이 한 권 판매될 때마다 1,000원의 수익금을 〈그만먹개 캠페인 2023〉에 전달했다. 개 식용의 부조리함을 알리고, 뜬장 속 고통받는 생명들이 마음껏 세상을 누릴 때까지 멜로우도 함께 하려고 한다. 또한 우리의 활동은 이번 캠페인으로 끝이 아니다. 모든 개들이 행복해질 수 있도록 진심을 담은 프로젝트를 이어갈 예정이다.

에디터 유하림

STOP DOG MEAT 2023

2023 Movie Intro

지난 여름 박성광, 박새연, 조현철, 이송희일, 장민승 감독이 뜬장 속 개들을 위해 카메라를 들었다. 구슬땀을 흘리며 완성된 영화들은 초복, 중복, 말복에 〈그만먹개 캠페인 2023〉을 통해 공개됐다. 다큐멘터리, 극영화, 애니메이션 등 다양한 방식으로 식용견의 현실을 여과없이 드러냈다. 예술가들만의 고유한 감각이 담겨있는 작품들은 고통받는 존재들에게 위로의 메시지를 전하는 동시에 보는 이들의 마음 깊은 곳에 강렬한 기억을 남긴다.

01   02   03

01

친구, 벗(BUT)   DIRECTOR 박성광   7월 11일 첫 번째 복날 공개작

영화는 위험한 갓길에 홀로 앉아있는 하얀 개를 비추며 시작한다. 사람의 손길을 받았던 것만 같은 하얀 소형견은 달리는 자동차를 하염없이 바라볼 뿐이다. 이 아이의 기억 속 한편을 따라가면 달콤한 순간들이 쏟아져 나온다. 작은 강아지를 맞이하는 기쁨의 얼굴, 맛있는 간식과 웃음이 흐르는 나들이를 지나 다시 도로 위. 조금의 시간이 흐르고 하얀 개에게 한 남자가 손을 내민다. 새로운 일상이 찾아오는 걸까 하는 기대가 무색하게 개의 운명은 누구도 알 수 없다. 누군가는 소형견의 삶이 비교적 나을 거라 예상하지만, 전혀 그렇지 않다. 아이들은 다른 개와 마찬가지로 식용을 위해 거래되며 참담하게 생을 마감한다. 우리가 살아가는 현실에서는 기적 같은 엔딩을 바라기 힘들다. 방송과 영화를 넘나들며 여러 활동을 진행 중인 만능 엔터테이너 박성광은 〈그만먹개 캠페인 2023〉을 통해 반려견에게 배운 소중한 진심을 나눴다. 개들의 일상적인 비극은 오늘도 되풀이되고 있다는 사실을 작품을 통해 표현했다.

드라이브 `DIRECTOR 박새연`   7월 11일 첫 번째 복날 공개작

화면 속 무표정한 남자는 차가운 철창을 가뿐히 트럭에 싣는다. 그가 옮긴 뜬장 속엔 살아 숨쉬는 개들이 가득하다. 그 속의 작은 개 한 마리가 풍경을 응시하며 자신과 같은 처지에 놓인 개들을 보게 된다. 철창 속에 갇힌 개도, 1m 끈에 묶여 집을 지키는 개도, '애견 분양 숍'에 진열된 개들도 풍경이 되어 흘러갈 뿐이다. 드라이브의 막바지, 뜬장 속 개는 공원에서 산책 중인 작고 하얀 강아지와 눈이 마주친다. 서로의 눈을 바라보는 두 마리 개의 얼굴은 똑 닮아있다. 이 장면을 마지막으로 영화의 크레딧이 올라갈 때, 보는 이들은 잠시 개의 마음이 되어본다. 식용견과 반려견은 나뉘지 않는다는 명징한 진실이 한 장면으로 전해진다. 한국예술종합학교 애니매이션과에 재학 중인 박새연 감독은 반려견과 함께하며 자연스럽게 '식용견'에 관심을 갖게 되었고, 다양한 활동을 진행하며 목소리를 높였다. 작년에 이어 그만먹개 캠페인에 두 번째로 참여해 박새연 감독만의 이야기를 전했다.

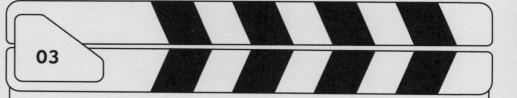

대문아 `DIRECTOR 조현철`   7월 11일 첫 번째 복날 공개작

조현철 감독은 자신과 함께 살던 반려견 '대문이'에 초점을 맞춰 영화를 이끌어간다. 동대문에서 데려와 '동'을 떼고 대문이가 된 아이는 20여 년을 산 노견이다. 산책을 할 때면 귀가 팔랑팔랑거리는, 풀냄새를 맡으며 오래도록 햇볕을 쬐는, 이제 늙고 병들어 걷다가 주저앉고, 다시 걷기를 반복하는 대문이의 일상을 느리게 따라가던 카메라는 마지막 장면으로 넘어가며 갑작스럽게 뜬장 속 개들을 비춘다. 대문이의 얼굴에서 뜬장 속 개들의 얼굴로 화면이 전환될 때 우리는 무엇을 발견할 수 있을까? 감독만의 감각으로 포착한 대문이의 마지막 시간은 마음을 조용히 건드린다. 아픈 대문이를 바라보는 일은 뜬장 속 개들을 바라보는 일과 겹치기도 한다. 한 존재를 향해 손길을 내밀듯, 고통받는 뜬장 속 개들을 위해서도 손길이 필요하다. 〈D.P〉와 〈구경이〉를 통해 얼굴을 알린 배우이면서 감독으로도 활동 중인 조현철 감독은 사회적 약자를 섬세한 시선으로 조명해왔다. 그는 이번 프로젝트에서 세밀하고 따뜻한 감정선으로 대문이와 뜬장 속 개들을 담아냈다.

04

짝꿍 `DIRECTOR 이송희일`

7월 21일 두 번째 복날 공개작

점순이를 만나기 전까지는 개를 미워했던 이송희일 감독의 엄마. 영화의 중반부에서 엄마는 점순이를 이렇게 표현한다. "사랑하는 내 짝꿍". 점순이는 집을 비우면 돌아올 때까지 떠난 자리를 지키는 듬직한 개다. 멀리서 엄마가 보이면 잰걸음으로 잽싸게 달려간다. 점순이는 밭이고, 산이고 엄마 곁을 절대 떠나지 않는다. 점순이와 시골길을 산책하다 보면 마주치는 뜬장 속 개들. 그들을 바라볼 때마다 감독의 엄마는 이상하도록 가슴이 사무친다고 말한다. 반려견을 향한 사랑이 알지 못하는 강아지를 향한 마음으로 번지는 순간이다. 점순이를 따라가다 뜬장 속 개들에 멈춰 선 발걸음에 수많은 감정이 전해진다. 이번 〈그만먹개 캠페인2023〉을 통해 이송희일 감독은 바로 그 마음으로 고통받고 있는 존재들에게 위로와 자유의 메시지를 전하고자 했다. 그는 많은 글과 영화를 통해 환경의 소중함과 소수자들의 인권을 이야기해온 바 있다.

05

디어파도 dear.PADO `DIRECTOR 장민승`

8월 10일 세 번째 복날 공개작

장민승 감독은 개 파도와의 이야기를 영화에 담아냈다. 그는 바람과 파도가 거센 곳, 가파도에 잠시 머물던 중 한 마리의 개를 만나게 된다. 우연히 빈집에 들어갔다 꼬리를 흔드는 아이를 발견한 것이다. 수소문 끝에 보호자를 찾았지만 "키우다 잡아먹으려 했다"는 끔찍한 말만 남겼다. 목에 묶인 억센 밧줄이 살을 파고들어도 흰 개가 할 수 있는 일은 누군가를 기다리는 일이 전부. 밖에서 들려오는 차가운 파도 소리를 들으며 긴긴밤을 지새웠다. 감독은 그런 아이를 구조하고, 새로운 가족을 찾아준다. 그렇게 모든 일을 마친 뒤에야 강아지를 영원히 부를 수 있는 이름이 떠올랐다. 파도. 가파도의 파도처럼 세차게, 눈부시게 다시 일어나는 파도 같은 아이. 무명의 강아지에게 이름을 선물하기까지의 과정은 보는 이의 마음에 파도를 불러일으킨다. 영화를 만든 장민승 감독은 사진가, 음악 프로듀서, 공연 연출자 등을 겸하는 종합 예술인이기도 하다. 마지막 타자로 영화를 공개한 그는 예술가로서 살아가며 생명을 존중하는 일의 중요성을 강조했다. 한 존재를 지키는 것보다 더 중요한 건 없다는 자명한 사실이 영화를 통해 다시 한번 전해졌다.

04

05

SAY NO TO DOGMEAT

#식용견은_없다
#사회적합의는_끝났다

CAMPAIGN *with* MELLOW

SAY NO

TO DOGMEAT

발행처
Inc.펫앤스토리

Publisher
최성국 Sungkuk Choi

Contents Director
김은진 Eunjin Kim

Cheif Editor
박조은 Joeun Park

Editor
최진영 Jinyoung Choi
유하림 Harim Yoo

Photographer
김시윤 Siyoon Kim

Art Direction & Design
김은진 Eunjin Kim

Designer
김혜진 Hyejin Kim

Sales & Distribution
정선국 Sunkook Jung

Management Support
정선국 Sunkook Jung
오지원 Jiwon Oh
안시윤 Siyun An

Marketer
오수정 Sujeong Oh

Illustrator
박조은 Joeun Park

Publishing
Inc.펫앤스토리
도서등록번호 제 2020-00135호
출판등록일 2005년 3월 17일
ISSN 2799-5569
창간 2010년 9월 14일
발행일 2023년 8월 31일

Inc.펫앤스토리
경기도 용인시 수지구 신수로 767
분당수지유타워 A동 2102호
767, Sinsu-ro, Suji-gu, Yongin-si,
Gyeonggi-do, Republic Of Korea

광고문의
mellowmate@petnstory.com
1544 8129

구독문의
mellowmate@petnstory.com
1544 8129

Instagram
mellow_is

Web
mellowmate.co.kr